The Lord's Prayer: Learning from Jesus on What, Why, and How to Pray
Foundational Tools for Our Faith series

Copyright ⓒ 2022 by Kevin DeYoung
Published by Crossway, a publishing ministry of Good News Publishers,
Wheaton, Illinois 60187, U.S.A.

This edition published by arrangement with Crossway through rMaeng2,
Seoul, Republic of Korea.
All rights reserved.

This Korean edition copyright ⓒ 2023 by Word of Life Press,
Seoul, Republic of Korea.

이 한국어판의 저작권은 알맹2를 통하여 Crossway와 독점 계약한 생명의말씀사에 있습니다.
신저작권법에 의하여 한국 내에서 보호받는 저작물이므로 무단전재와 무단복제를 금합니다.

주기도

ⓒ 생명의말씀사 2023

2023년 3월 29일 1판 1쇄 발행

펴낸이 ㅣ 김창영
펴낸곳 ㅣ 생명의말씀사

등록 ㅣ 1962. 1. 10. No.300-1962-1
주소 ㅣ 서울시 종로구 경희궁1길 6 (03176)
전화 ㅣ 02)738-6555(본사)・02)3159-7979(영업)
팩스 ㅣ 02)739-3824(본사)・080-022-8585(영업)

기획편집 ㅣ 박경순
디자인 ㅣ 조현진, 한예은
인쇄 ㅣ 영진문원
제본 ㅣ 다온바인텍

ISBN 978-89-04-16826-2 (04230)
ISBN 978-89-04-70056-1 (세트)

저작권자의 허락없이 이 책의 일부 또는 전체를
무단 복제, 전재, 발췌하면 저작권법에 의해 처벌을 받습니다.

The Lord's Prayer

예수님에게 배우는, 기도 중의 기도

주기도

케빈 드영 지음 | 이지혜 옮김

생명의말씀사

주기도

그러므로 너희는 이렇게 기도하라

하늘에 계신 우리 아버지여

이름이 거룩히 여김을 받으시오며

나라가 임하시오며

뜻이 하늘에서 이루어진 것 같이 땅에서도 이루어지이다

오늘 우리에게 일용할 양식을 주시옵고

우리가 우리에게 죄 지은 자를 사하여 준 것 같이

우리 죄를 사하여 주시옵고

우리를 시험에 들게 하지 마시옵고

다만 악에서 구하시옵소서

나라와 권세와 영광이 아버지께 영원히 있사옵나이다 아멘

마태복음 6:9-13

추천의 글

주기도는 하나님과 대화하는 법을 알려 주는 가장 중요한 가르침이다. 그래서 주기도는 예수님을 따르는 이들에게 보편적이고 지속적인 관심사일 수밖에 없다. 주기도는 배우기 어렵지 않으면서도 매우 심오하다. 그래서 수많은 사람이 주기도에 대해 아주 많이, 아주 깊이 생각하지만, 어느 한 저자가 그 깊이와 풍성함을 오롯이 다 설명하기는 힘들다. 케빈 드영은 주기도에 대한 교회사의 장서 목록에 유익한 책을 한 권 더 추가했다. 이 책은 아는 체하지 않으면서도 신선하고, 교회 역사를 잊지 않으면서도 현대적이며, 지나치게 단순화하지 않으면서도 간결하다. 우리가 케빈 드영의 손에서 늘 기대할 수 있는 그런 종류의 책이다. 이 책은 사람들이 그의 설교와 저술에서 그토록 큰 유익을 얻는 이유를 잘 보여 준다.

도널드 휘트니(Donald S. Whitney)
남침례신학교 성경적 영성 교수 및 부학장,
『오늘부터, 가정예배』, 『오늘부터, 다시, 기도』, 『영적 건강 처방전』 저자

주기도를 모르는 사람은 드물지만, 우리는 그 한 구절 한 구절을 얼마나 잘 이해하는가? 학자들의 주기도 연구는 보통 사람들이 보기에는 굉장히 복잡할 수 있다. 이 책에 담긴 이해하기 쉽고 은혜로우며 실제적인 해설은 초보자부터 전문가에 이르는 모든 수준의 독자에게 유익할 것이다. 저자는 독자들이 성경의 모든 맥락에서 주기도가 어디에 위치하는지 확인하고 그리스도와 연관 지어 볼 수 있도록 도와준다.

브랜던 크로(Brandon D. Crowe)
웨스트민스터신학교 신약학 교수

날마다 전례 팟캐스트를 들을 때 나는 주기도로 기도한다. 나는 이 기도를 하루의 가장 중요한 일과로 고대하며, 이 기도를 전혀 의식처럼 느끼지 않는다. 이 책은 매일의 일과 가운데 나를 격려하고, 주기도에 대한 열정에 불붙여 주며, 내가 즐거이 고백하는 그 간구들을 더 확고하게 이해하게 해 준다. 주기도는 분명하고 직접적이며, 간결하면서 심오하다. 드영의 책도 마찬가지다!

그레그 앨리슨(Gregg R. Allison)
남침례신학교 기독교신학 교수, 『개신교와 가톨릭, 무엇이 같고 무엇이 다른가』 저자

케빈 드영은 이 책에서 주기도에 대한 단순하면서도 통찰력 있는 해설을 제공한다. 그는 독자들을 위해 자신의 묵상과 배움을 결합하고, 과거로부터 내려온 지혜에서 얻은 주기도에 관한 생각들을 추가한다. 그 결과 저자의 장점이 유감없이 발휘된, 우리 주님의 입에서 나온 가장 유명한 기도에 대한 목회적이고 분명하며 (지나치게 간략하지 않으면서도) 단순하고 영감을 주는 성경적 가르침이 탄생했다.

미겔 누녜스(Miguel Núñez)
도미니카공화국 산토도밍고 국제침례교회 담임 목사

저자는 주기도를 해설하면서 우리 하나님의 영광스러운 비전이 우리가 기도하게 하는 것임을 일깨워 주고, 우리 주 예수님의 말씀을 설명해 어떤 내용을 기도해야 하는지 알게 해 준다. 저자는 우리를 그저 한 가지 양식에 제한하지 않고도, 예수님의 본보기 기도가 우리가 살아 계신 하나님과 기도로 교제하는 활기 넘치는 삶에 필요한 토대가 되어 준다는 사실을 보여 준다. 기도 생활에서 성장하기 원하는 사람이라면, 계속해서 이 책을 읽고 실천에 옮겨 보라.

후안 R. 샌체즈(Juan R. Sanchez)
하이포인트침례교회 담임 목사, 『리더십 공식』(The Leadership Formula) 저자기도로 하늘에 계신 우리 아버지께 나아올 수 있다는 것이 그리스도인의 가장 큰 특권 중 하나이지만, 우리는 기도가 힘들 때가 많다. 이 책은 우리가 어떻게 기도해야 하는지에서 시작해, 예수님이 우리에게 가르쳐 주신 기도를 설명하고, 하나님을 높이는 최고조의 기도로 마무리한다. 이 책을 통해 우리는 우리 기도를 들으시는 하나님이 얼마나 크신지 깨닫고 기도에 더 박차를 가하게 될 것이다. 이 책을 읽고, 당신이 다니는 교회의 교인들과 함께 다시 읽으라.

케리 폴마(Keri Folmar)
두바이 연합기독교회 여성 사역 디렉터,
『좋은 몫: 성경』(*The Good Portion: Scripture*) 저자

익숙해지면 무례해지기 쉽다? 그러지 않기를 바란다. 특히 주기도와 관련해서는 말이다. 많은 그리스도인이 이 기도를 잘 암송하면서도, 자신의 무기력한 기도 생활을 다시 일으키고 유지하는 데 이 기도가 얼마나 유익한지는 깨닫지 못하는 듯하다. 케빈 드영은 특유의 명료함과 심오함으로 우리를 주기도의 세계로 인도하면서, 어떻게 이 기도가 하나님과 나누는 모든 교제에 기초가 될 수 있는지를 잘 보여 준다. 그러니 이 책을 들고 읽으라. 기도라는 선물을 더 깊이 신뢰하고 거기에 더 힘써 헌신하도록 도와줄 것이다.

줄리어스 J. 킴(Julius J. Kim)
복음연합 대표, 캘리포니아 웨스트민스터신학교 실천신학 교수

차례

추천의 글   06

1. 너희는 기도할 때에   12
2. 우리 아버지   36
3. 우리의 바람   58
4. 일용할 양식   86
5. 우리의 빚   114
6. 우리의 간구   136
7. 하나님의 영광   160

1.

너희는 기도할 때에

또 너희는 기도할 때에
마 6:5

그리스도인의 삶에서 기도보다 더 중요하면서도 우리에게 큰 좌절을 안겨 주는 것이 있을까?

기도해야 한다는 건 누구나 잘 안다. 우리는 기도하기 원한다(적어도 기도하고 싶어 하기를 원한다). 기도하는 사람들을 존경한다. 그렇지만 실제 기도라는 문제에 맞닥뜨리면, 대부분은 실패한 느낌이 든다.

"요즘 기도 생활 어떠세요?"라는 질문을 지금 받는다면 반색하며 자신 있게 대답할 사람은 거의 없을 것이다. 우리는 기도를 더 자주 했으면 한다. 더 오래 했으면 한다. 더 잘했으면 한다. 생애 마지막에 이르렀을 때 이렇게 이야기할 수 있는 사람은 아무도 없을 것이다. "있잖아요. 저는 평생 제 기도 생활에

아주 만족한답니다." 오히려 내가 수년 전에 읽은 어느 책에서 한 목회자가 자신의 삶과 기도 생활을 돌아보면서 한 말에 공감할 사람이 더 많을 것이다. "어떻게 내가 이렇게 못하는 것이 내 삶을 향한 하나님의 뜻일 수 있을까?"

지난 세월, 기도에 대한 책을 많이도 읽었다. 그중 좋은 책들은 하나님이 내 기도를 원하신다는 사실에 기대하고 감사하게 해 주었다. 하지만 너무 많은 책이 가장 열정적인 그리스도인조차 기도만 빼고 다 열심인 실패자로 느끼게 만든다.

사역 초기에 기도에 대한 고전 한 권을 읽은 적이 있다. 처음에는 많은 영감을 받았지만 다 읽고 나서는 그 영감이 다 사라진 것 같았다. 어쩌면 내 마음이 문제였을 수도 있지만, 지금 돌이켜 보니 그 책은 기도에 더 헌신해야 한다고 다그치는 내용이었다. 내 경험상 기도의 **당위성**을 끊임없이 강조하는 책은 처음에는 그리스도인들의 동기를 유발하지만, 기도보다는 죄책감만 남기고 금세 효과가 사라져 버린다. "그래, 이제부터 열심히 기도해야지"라고 다짐하는 것도 잠시, 시간이 흐르면서 더 많이 기도하지 못하는 것에 대해 적지 않은 죄책감을 느끼게 된다.

하지만 주기도는 다르다. 주기도는 적어도 겉보기에는, 기도하겠다는 의지에 초점을 맞추지 않는다. 주기도는 우리에게 어떻게 기도해야 하는지를 가르쳐 준다.

세대를 걸쳐 전해진 기도

주기도의 중요성은 아무리 강조해도 지나치지 않다. 교회 역사 내내 새로 개종한 신자들과 어린이들은 주로 다음 세 가지, 곧 사도신경, 십계명, 주기도 훈련을 받았다. 지난 2천 년간 그리스도인이라면 주기도를 알고, 암송하고, 자주 기도하는 것을 당연히 여겼다.

어떤 의미에서는 요한복음 17장이 엄밀히 말해 주기도(the Lord's Prayer)라고 할 수 있다. 예수님이 하신 기도 중 성경에 기록된 가장 긴 기도다. 우리가 '주기도'로 알고 있는 기도는 예수님이 하신 기도가 아니라(정확히 말하자면 그렇다. 예수님이 어떻게 "우리 죄를 사하여 주시옵고"라고 기도할 수 있는가?), 그분이 제자들에게 가르치신 기도다.

주기도에는 두 가지 버전이 있는데 하나는 누가복음에, 우리에게 더 익숙한 다른 하나는 마태복음에 나온다. 나는 한 본문이 다른 한 본문에 의존한다고 생각하지 않는다. 간단히 설명하자면, 예수님도 다른 순회 설교자들처럼 같은 내용을 표현만 조금씩 달리해서 반복해서 가르치셨기 때문이다.

누가복음 11장 1-2절에서 예수님은 "우리에게도 [기도를] 가르쳐 주옵소서"라는 제자들의 요청을 받고 가르치기 시작하신다. 제자들은 예수님의 기도를 듣고 '배울 게 많다'고 생각하게 된 것이 틀림없다. 예수님이 제자들의 요청에 응하면서 기도에 대해 말씀하지 **않으셨다**는 점에 주목해야 한다. 얼마나 오래 해야 하는지, 하루 중 언제 해야 하는지, 하루에 몇 번 해야 하는지, 기도할 때 어떻게 느껴야 하는지, 서거나 앉거나 혹은 무릎 꿇어야 하는지, 눈을 감고 손을 모아야 하는지, 손을 들고 하늘을 우러러야 하는지 등에 대해 가르치지 않으셨다.

이런 것들에 관심을 두는 것이 잘못은 아니다. 하지만 예수님이 언제, 어디서, 얼마나 오래 기도하느냐보다 제자들이 기도하는 **내용**에 더 관심이 있으셨다는 점은 중요하다. 이것이야말로 우리가 기도에 대해 그분께 배울 수 있는 가장 분명하고 중요한 교훈일 것이다. 아침에 기도해도 좋고 저녁에 기도해도 좋다. 오래 기도해도 좋고 짧게 기도해도 좋다. 눈을 뜨고 기도해도 좋고 눈을 감고 기도해도 좋다. 기도의 많은 요소에는 얼마든지 자유가 허용된다. 하지만 ① 기도를 소홀히 해서는 안 되고 ② 예수님이 우리에게 기도하라고 말씀하신 것들을 기도해야 한다.

마태복음 6장 5-9절 본문은 예수님이 말씀하신 유명한 산상수훈(마 5-7장)의 일부다. 당신도 그 사실은 이미 알고 있었을 것이다. 하지만 당신이 미처 알지 못했을 수도 있는 점이 있는데, 산상수훈의 이 대목이 유대교 경건의 토대가 되는 세 행위를 다루고 있다는 것이다. 그것은 바로 자선(마 6:1-4), 기도(마 6:5-15), 금식(마 6:16-18)이다. 이런 것들이 1세기 유대인들의 "영성 훈련"이었다(이들은 성경의 많은 부분을 외우면서도 날마다 성경을 읽지는 못했을 것이다. 대다수가 글을 모르는 데다 가정집에는 성경 두루마리가 없었기 때문이다). 이들이 새해 결심을 했다면 아마도 가난한 사람들에게 베푸는 것이나 기도, 금식을 생각했을 것이다.

누가복음에 나오는 예수님의 가르침과 달리, 마태복음에서 예수님은 기도의 **내용**뿐 아니라 **방법**에도 관심이 있으시다. 특히, 예수님은 우리가 올바른 마음에서 올바른 이유로 기도하기를 원하신다. 실제로 이것이 이 세 경건 행위를 말씀하신 분의 핵심 관심사다. 가난한 사람들에게 베풀 때는 유난을 떨지 말아야 한다. 기도할 때는 남에게 잘 보이려고 해서는 안 된다.

1. 너희는 기도할 때에

금식할 때는 사람들의 이목을 끌지 않아야 한다. 예수님은 모든 사람의 마음에 도사리고 있는 자만심과 허영심을 잘 아신다. 경건한 사람이라고 해서 허영심을 추구하지 않는 것은 아니다. 오히려 경건은 거의 모든 문화에서 사람들이 자만심과 허영심을 키우는 주요 도구가 되곤 한다. **영적으로** 좋은 인상을 주는 것보다 더 남들에게 좋은 인상을 주는 방법이 또 어디 있겠는가?

그러니 잠시라도 이렇게 생각하지 말자. "나는 그리스도인이야. 교회에 가고 영적이고 경건하지. 그러니 그런 것들에 빠질 위험은 없어." 오히려 그렇기에 더 위험하다고 할 수 있다.

기도는 당연히 하는 것 아닌가

구체적으로 기도의 내용으로 들어가기 전에, 먼저 마태복음 6장 5절의 처음 네 단어를 살펴보자. "또 너희는 기도할 때에." 예수님은 제자들에게 기도해야 한다고 가르치실 필요가 없으셨다. 그건 누구나 다 아는 사실이었다. 그분은 제자들이 당연히 기도하고, 아주 영적인 사람들만이 아니라 유대인이라면 누구나 다 기도한다는 사실을 이해한다고 전제하셨다. '기도는 목회자와 선교사만 하는 것'이라거나 '나중에 더 나이가 들면 기도하겠다'는 생각은 금물이다. 기도는 하나님을 진정으로 따르는 사람이라면 누구나 하는 것이다.

특정한 유대 전통이 정확히 언제 발전하기 시작했는지 알기는 어렵지만, 예수님 시대 사람들이 회당에서 하루 세 번 기도를 드렸다는 점은 분명한 것 같다.[1] 이는 하루에 세 번씩 기도하던 다니엘의 습관(단 6:10)에서 비롯되었거나 시편 55편 17절로 거슬러 올라갈 것이다. "저녁과 아침과 정오에 내가 근심하여 탄식하리니 여호와께서 내 소리를 들으시리로다." 회당의 전형적인 기도 시간은 셰마(신 6:4)를 외우는 것에서 시작해 18개 축복 기도문(Eighteen Benedictions)으로 이어졌다. 이 기도문은 성경에 나오지는 않지만 성경의 주제들을 다룬다. 실제로 주기도에서 이 기도문의 일부 표현을 떠올릴 수 있다. 이 축복 기도문은 하나님께 이스라엘의 복을 간구하는 일련의 기도다. 정확히 언제 이 기도가 성문화되었는지는 알 수 없지만, 주후 70년 이스라엘 성전이 멸망하기 전에 이 기도의 중요 골자가 형성되었

---

[1] Charles M. Laymon, *The Lord's Prayer in Its Biblical Setting* (Nashville, TN: Abingdon, 1968), 32-48을 보라.

을 것이다.[2]

그렇다면 예수님과 제자들은 이 기도에 익숙했을 것이다. 예수님은 제자들이 (예수님처럼) 개인 기도 시간을 가졌을 뿐 아니라, 공동 기도 시간(주기도에 나오는 '우리가'와 '우리를' 같은 단어를 생각해 보라)에 주기적으로 참석했다고 전제하실 수 있었다. 우리는 "요즘 기도 생활은 어떠신가요?"라는 질문을 받으면 대개 이렇게 생각할 것이다. '매일 아침 제일 먼저 하는 경건의 시간을 어떻게 보내느냐고요?' 그것도 나쁘지는 않다. 하지만 아마도 예수님의 제자들은 함께 모여서 기도하는 공동 예배를 생각했을 것이다.

주기도를 한번 떠올려 보자. 예수님이 제자들에게 주신 본이 되는 기도에는 단수 명사가 단 한 번도 나오지 않는다. 예수님과 제자들을 포함해 아무도 하나님의 백성이 기도해야 한다는 데는 의문을 제기하지 않았다. 오늘날에도 마찬가지다. 당신이 하나님의 가족에 속해 있다면, 당신 아버지이신 하나님께 말씀을 드릴 것이다. 육신의 아버지가 살아 있는데, 더군다나 같은 집에 사는데 대화를 나누지 않는다면 뭔가 잘못되어도 한참 잘

---

2) David Instone-Brewer, "The Eighteen Benedictions and the Minim before 70 CE," *Journal of Theological Studies* 54 (April 2003): 25–44을 보라.

못된 것이다. 우리는 당연히 기도로 하나님과 대화한다. 그분은 하늘에 계신 우리 아버지다. 그리스도인이면서 기도하지 않는 사람은 있을 수 없다. 기도하지 않는 그리스도인이란 어불성설이다.

어떻게 기도해야 하는가?

주기도의 **내용**은 다음 장에서부터 본격적으로 살펴보고, 이 장에서는 기도의 **방법**에 초점을 맞추려 한다.

예수님은 기도할 때 절대 해서는 안 되는 두 가지를 말씀하신다. 위선자처럼 기도해서는 안 되고 이방인처럼 기도해서도 안 된다.

먼저, 예수님은 우리가 기도할 때 위선자("외식하는 자", 개역개정 성경)처럼 하지 않기를 바라신다.

> 또 너희는 기도할 때에 외식하는 자와 같이 하지 말라 그들은 사람에게 보이려고 회당과 큰 거리 어귀에 서서 기도하기를 좋아하느니라 내가 진실로 너희에게 이르노니 그들은 자기 상을 이

미 받았느니라 너는 기도할 때에 네 골방에 들어가 문을 닫고 은밀한 중에 계신 네 아버지께 기도하라 은밀한 중에 보시는 네 아버지께서 갚으시리라(마 6:5-6)

위선자(hypocrite)라는 말을 제대로 이해하고 있는지 우선 확인하자. 그리스어 단어 '히포크리테스'(hypokrites)는 '연기하다'라는 뜻이다. 부정적인 의미를 지닌 이 단어는 가면을 쓰고 연기하는 사람, 자신이 아닌 다른 무언가인 체하는 사람을 뜻한다. 영어 단어도 의미가 비슷하다. 위선자는 어떤 것을 믿는다고 고백해 놓고 실제로는 전혀 다른 삶을 산다. 유명한 채식주의자이면서 매일 밤 베이컨을 먹는 사람, 하루에 담배를 한 갑씩 피우면서 담배 회사에 열렬히 반대하는 사람, 가족의 가치를 지켜야 한다고 옹호하면서 사창가를 찾는 사람, 그런 사람들이 위선자다. 이들은 자신이 아닌 무언가를 가장한다. 특히 이들은 다른 사람들의 칭찬과 존경을 받기 위해서 가식적인 행동을 한다.

그리스도인들은 위선자를 자신이 느끼는 감정과는 다르게 행동하는 사람으로 생각하는 경향이 있다. 하지만 그것은 위선이 아니다. 위선자들은 어떤 신념을 공개적으로 주장하지만 다른 신념을 따라 사는 이들이다. 당신이 교회에 가고 싶지 않을 때 교회에 가는 것은 오히려 신실해서라고 할 수 있다. 크게 사랑을 느끼지 않을 때도 결혼 생활을 유지하는 것은 정절을 지키는 것이다. 나는 이런 이야기들을 수없이 들었다. "목사님, 더 이상 사랑하지 않는데 이 결혼을 유지하면 저는 위선자가 될 거예요." "예배하고 싶지 않을 때 예배하러 오는 건 위선이에요." "내가 뭘 믿는지도 모르겠고 하나님도 멀게만 느껴지는데 기도를 하자니 위선자처럼 느껴져요." 옳은 일을 하고 싶지 않을 때도 옳은 일을 하는 것을 성숙함이라고 한다. 어떤 것을 공개적으로 고백해 놓고 사생활은 전혀 딴판인 것을 위선이라고 한다.

우리는 예수님이 마태복음 6장 1절에서 무엇을 염두에 두셨는지 분명히 볼 수 있다. "사람에게 보이려고 그들 앞에서 너희 의를 행하지 않도록 주의하라." 위선자들이 하는 행동이 그렇다. 그들은 하나님을 정말 사랑하지는 않는다. 하나님 나라를 정말 사랑하지는 않는다. 하나님의 이름이 거룩히 여김을 받는 것을 정말 원치는 않는다. 회당과 거리에서 기도하길 좋아할 뿐이다. 남들 앞에 나서길 좋아할 뿐이다.

물론 공개적으로 기도하는 것이 잘못은 아니다. 예수님은 공동 예배나 공동 기도를 없애려고 하시는 게 아니다(마 18:19-20; 행 4:24-30 참조). 예수님이 6장 9절을 말씀하실 때는 이 기도의 공동체적 배경을 전제하고 계신다. 오히려 그분은 모든 사람, 다른 누구보다 아마도 더 목회자들의 마음속에 자리할 문제, 곧 사적인 자리보다 공개 석상에서 더 경건한 것을 경고하고 계신다. 우리의 기도 생활은 모든 잎이 땅 위로만 자라고 아래쪽에는 아무것도 없는 양상추(iceberg lettuce)가 아니라, 아무도 보지 못하는 해수면 아래에 영성이 엄청나게 큰 빙하처럼 자리한 빙산(iceberg)과 같아야 한다. 우리의 기도 생활은 눈에 보이는 것보다 더 깊어야 한다.

예수님은 모든 사람에게 경고하시지만 목회자, 장로, 집사, 성경 공부 리더, 소그룹 리더 등 공적 사역을 하는 이들에게 특히 경고하신다. 종교적 프로 의식(religious professionalism)을 주의해야 한다. 집 밖에서 온갖 바른말은 다 하고 집에서는 잘못된 행동을 하지 않도록 주의하라. 일요일에 한두 시간 정도 사람들 눈을 속일 수 있을지는 몰라도, 하나님과 당신과 가장 가까운 사람들은 속이지 못한다. 이런 종류의 종교적 프로 의식을 경계해야 한다. 사람들에게 보이려고 기도하지 말라.

오히려 예수님은 문을 닫고 하나님께 보이기 위해 기도하라고 말씀하신다. 왜 기도가 믿음의 문제인지 알겠는가? 기도할 때 하나님이 정말로 우리 기도를 들으신다고 믿는가? 하나님이 우리를 보신다고 믿는가? 그분이 갚으시리라고 믿는가? 우리가 은밀히 기도할 때도 은밀한 중에 보시는 아버지가 계셔서 우리 기도를 들으신다고 믿는가? 그러려면 믿음이 필요하다. 당신이 사람들의 칭찬을 듣기 위해 살아간다면, 칭찬만 받고 끝날 것이다. 예수님은 말씀하신다. "어리석은 자가 되지 마라. 하늘의 칭찬을 받을 수 있는데 땅의 칭찬을 받으려고 살지 마라." 당신을 보고 미소 지으시는 하나님이 계신데, 사람들이 당신에게 좋은 인상을 받든 말든 무슨 상관인가? 당신은 하나님이 은밀한 중에 당신을 보시고 갚아 주시리라 믿는가?

우리 부부는 두어 달 전에 비디오카메라가 달린 베이비 모니터를 구입했다. 이제 우리는 두 살 난 아들이 아침에 왜 그렇게 늦게 일어나는지 알게 되었다. 우리가 아이를 침대에 눕히고 나서도 아이는 두 시간이나 침대에서 논다. 부모가 지켜보고 있다는 사실을 모르는 아이가 어떤 행동을 하는지 보는 건 참 신기하다. 당신이 일곱 살 난 아들이고, 사랑하는 아버지가 있다고 상상해 보자. 당신은 아버지를 존경한다. 아버지가 당신을 보살펴 주는 것을 안다. 그런데 아버지가 당신의 일거수일

투족을 지켜보려고 벽마다 카메라를 설치했다고 하자. 당신의 생활 방식이 달라지지 않겠는가? 나쁜 일을 하지 않는 것뿐 아니라, 옳은 일을 어떻게 하는지에도 영향을 미칠 것이다. 이 아들은 자기 친구들의 기준에 맞추어야 한다는 압박을 느끼지 않아도 된다. 굳이 젠체할 필요도 없다. 어디를 가든 똑같은 사람이기만 하면 된다. 어디를 가든 아버지가 지켜보고 있으니 말이다. 이 경우에는 벌을 주기 위해서가 아니라 갚아 주기 위해서 말이다! 당신이 볼 수 있는 사람들이 아니라, 볼 수 없는 존재를 위해 살아가라. 위선자가 되지 말라.

둘째로, 예수님은 우리가 기도할 때 이방인처럼 하지 않기를 원하신다.

> 또 기도할 때에 이방인과 같이 중언부언하지 말라 그들은 말을 많이 하여야 들으실 줄 생각하느니라 그러므로 그들을 본받지 말라 구하기 전에 너희에게 있어야 할 것을 하나님 너희 아버지께서 아시느니라(마 6:7-8)

예수님은 7절에서 '이방인'이라는 단어를 사용하시지만, 민족성을 염두에 두고 계신 것은 아니다. 참하나님을 모르면서 기도하는 사람들을 생각하고 계신다. 수년 전 뉴욕시에서 다른 그리스도인들과 함께 뉴욕시의 다양한 종교의 지도자들을 만나 이야기를 들을 기회가 있었다. 우리는 그들의 허락을 받고 힌두교와 시크교의 의식을 지켜볼 수 있었다. 틀림없이 거기 모인 많은 사람이 신실한 신앙인이었을 거고, 우리는 그들이 예배할 권리를 존중한다. 우리는 모든 사람에게 종교의 자유가 있다고 믿는다. 하지만 그리스도인의 관점에서, 나는 예수님이 앞서 말씀하셨던 내용을 정확히 볼 수 있었다. 젊은이들이 거기 모인 구경꾼들을 위해 종교 의식을 행하고 있었는데 자신들이 하는 행위에 거의 관심이 없는 것 같았다. 그들은 다른 사람들을 대신하여 촛불을 켜거나 향을 뿌리거나 기도문을 외웠다. 요점은 그저 의식을 끝냈다는 것이었다. 말을 읊고 구문을 되풀이했다.

전 세계에서 이와 비슷한 모습을 볼 수 있다. 대부분의 무슬림 국가에서는 단순히 의식을 치르는 것 자체가 중요하다. 적절한 말을 하고, 적절한 때에 적절한 방식으로 행동하면 된다. 일부 불교 국가에서는 마니차(摩尼車)[3]를 사용한다. 기도를 적은

---

[3] 불경을 넣어 둔 금속이나 나무로 된 원통으로, 기도하면서 돌리면 불경을 한 번 읽는 공덕을 쌓을 수 있다고 여긴다.—옮긴이 주

종이를 상자에 넣고 계속 돌리면 그 기도가 배가한다. 의례적이고 기계적인 행위다. 예수님에 따르면, 이런 건 기도와 거리가 멀다. 기도는 팬들이 온라인 투표로 자신이 좋아하는 선수에게 몇 번이고 표를 줄 수 있는 올스타전 선수 선발 같은 것이 아니다.

물론 예수님은 다른 곳에서 우리에게 항상 기도하고 낙심하지 말아야 한다고 말씀하셨다(눅 18:1-18). 하지만 이런 꾸준한 기도는 횡설수설하는 기도와는 다르다. 마태복음 6장 7절에 나오는 단어는 '바탈로게오'(*battalogeo*)인데, 이는 "중언부언"(개역개정 성경)하거나 "빈말을 되풀이"(새번역 성경)하는 것을 뜻한다. 흠정역 성경은 "헛된 되풀이"(vain repetitions)로 옮겼다. 그리스어 원문은 소리를 흉내 낸 일종의 의성어(예. 꿀꿀, 꽥꽥, 첨벙, 윙윙)다. 예수님은 '바-타-로-게-오' 하지 말라고 말씀하신다. 말을 내뱉는 행위만으로 하나님을 기쁘시게 할 수 있다고 생각한 이방인들처럼 되지 말라. 어떤 기계적인 의식을 완료하는 것은 기도의 목적이 아니다.

빈말을 되풀이하고 중언부언하는 기도는 생각보다 자주 발생한다. 전례를 중시하는 교회에서 그런 일이 생길 수 있다. 목회자들이 수 세기에 걸쳐 형성된 심오한 문서인 전례문을 마치 지친 고객 상담원이 똑같은 대본을 수천 번 읽듯이 읽을 수도 있다("이 통화는 품질 향상과 훈련 목적으로 녹음되고 있습니다. 드엉 고객님, 안녕하십니까?"). 우리는 마치 유체 이탈자처럼 사도신조나 주기도나 교독문을 낭독할 수 있다. 이런 귀한 말씀이 기계적이고 맥 빠지고 따분한 문구가 되기가 얼마나 쉬운가.

반대로, 전례를 사용하지 않는 아주 현대적인 교회에서도 빈말을 되풀이하고 중언부언하는 기도를 드릴 수 있다. 예배 인도자들은 사전에 깊이 생각해 보지 않은 채 기도하면서 별다른 뜻이 없거나 이단적인 빈말을 되풀이할 수 있다. "오, 사랑의 주님, 아버지 하나님, 우리 죄를 위해 십자가에서 돌아가신 주님을 찬양합니다. 거룩하신 성령님, 오늘 우리에게 임재하셔서 당신의 사랑의 장막 아래 우리를 안온하게 품어 주시기를 기도합니다." 우리는 기도가 감정적일수록, 거룩한 칭호를 많이 쌓을수록 하나님이 기도를 더 잘 들어주신다고 생각할 수 있다. 존 스토트(John Stott)는 이런 종류의 기도를 머리와 가슴은 없고 입술만 있는 기도라고 했다.[4]

우리는 전례문이나 즉흥적인 문구로 하나님 눈에 들려고 애

---

4) John Stott, *The Message of the Sermon on the Mount* (Downers Grove, IL: IVP Academic, 1978), 144.

쓸 필요가 없다. 그분은 우리가 구하기 전에 우리에게 필요한 것을 아신다(마 6:8). 하나님이 우주를 운영하시는 데 도움이 되도록 우리가 기도하는 것이 아니다. 하나님의 마음을 바꾸려고 기도하는 것도 아니다. 우리가 기도하는 것은 이것이 하나님이 그분의 목적을 이루시려고 정하신 수단이기 때문이다. 하나님은 그분께 은혜를 구하는 이들에게 더 큰 은혜를 주시는 분이다. 하나님께는 기도가 필요 없지만, 다른 수단을 사용하시는 것처럼 기도도 사용하신다. 하나님은 비를 내리셔서 작물을 키우시고, 태양을 비추셔서 지구에 온기를 주시며, 음식으로 인간의 몸을 건강하게 해 주신다. 마찬가지로 그분은 기도를 사용하셔서 주권적인 일을 행하신다. 기도할 때 우리는 하나님이 아니라 오히려 우리 자신에게 지시하는 것이다.

마태복음 6장 9절에 나오는 동기를 다시 한번 살펴보자. 8절에 나오는 가르침은 은밀한 중에 보시는 하나님께 근거하기 때문이다. 예수님은 아직 제자들에게 기도의 내용을 가르쳐 주지 않으셨지만, 우리는 기도의 대상을 아는 것이 얼마나 중요한지 이미 알 수 있다. 우리는 성급한 코치나 멀게만 느껴지는 왕, 혹은 근엄한 감독관에게 기도하는 것이 아니다. 하늘에 계신 우리 아버지께 기도한다. 그분이 좋은 아버지라고 믿는다면,

남들에게 좋은 인상을 주려고 애쓸 필요가 없다. 하나님이 당신을 보살펴 주실 것이기 때문이다. 또한 그분이 위대한 아버지라고 믿는다면, 중언부언할 필요도 없다. 하나님은 당신에게 무엇이 필요한지 이미 알고 계신다. 이런저런 말을 덧붙인다고 해서 점수를 더 따는 게 아니다.

   신학교 학생들에게 과제를 내 줄 때는 대략적인 분량을 알려 줘야 한다. 그렇지 않으면 학생들이 어떻게 써야 할지 종잡을 수 없기 때문이다. 나는 그들에게 늘 이렇게 말한다. "정해진 분량을 지키세요! 그 이상 읽는 데 시간을 쓰기는 싫으니까요. 내용을 부풀리느라 쓸데없는 군더더기를 붙이지도 말고요. 꼭 할 말만 쓰길 바랍니다. 핵심을 에둘러 길게 늘여 써도 소용없어요. 여러분이 말한 핵심 내용만을 기초로 해서 성적을 매길 겁니다."

450인이 아니라 한 사람이 되라

   기도할 때 위선자처럼 하지 말고 이방인처럼 하지 말라. 기도할 때 반드시 피해야 할 것들이다.

이 둘은 결국 한 가지 생각으로 압축된다. 이전에도 들어 봤겠지만 이런 진리는 몇 번을 다시 들어도 괜찮다. 기도는 공식이 아니라는 것이다. 기도는 주문이 아니다. 정해진 레시피도 아니다. 기도는 관계다.

엘리야와 바알 선지자들의 차이를 생각해 보자(왕상 18:20-40). 바알의 선지자 450명은 아침부터 낮까지 자신들의 신을 불렀다. 엘리야가 그들을 조롱한 후에는 곱절로 더 열심히 불렀다. 크게 소리 지르고, 온몸에 피가 흐를 때까지 칼과 창으로 자기들 몸을 상하게 했다. 성경은 "이같이 하여 정오가 지났고 그들이 미친 듯이 떠들어 저녁 소제 드릴 때까지 이르렀으나 아무 소리도 없고 응답하는 자나 돌아보는 자가 아무도 없더라"(왕상 18:29)라고 말한다.

엘리야 차례가 되자 그는 언약의 하나님의 이름을 부르고 그분과의 언약 관계를 주장했다. "아브라함과 이삭과 이스라엘의 하나님 여호와여 주께서 이스라엘 중에서 하나님이신 것과 내가 주의 종인 것과 내가 주의 말씀대로 이 모든 일을 행하는 것을 오늘 알게 하옵소서"(왕상 18:36). 다시 말해, 그는 정말로 거기에 계신 하나님, 자신이 인격적으로 아는 하나님, 자신이 신뢰하는 하나님께 기도했다. 그러고 나서 하나님이 종의 기도를 들으시고 스스로 영광을 드러내시기를 간결하고도 직접적으로 기도했다. "여호와여 내게 응답하옵소서 내게 응답하옵소서 이 백성에게 주 여호와는 하나님이신 것과 주는 그들의 마음을 되돌이키심을 알게 하옵소서"(왕상 18:37).

나는 이 장 앞부분에서 기도를 다룬 책 중에 무조건 기도해야 한다고 강조만 하는 책이 있는가 하면, 대부분의 유용한 책은 우리가 기도하고 싶게 만든다고 말했다. 이 장과 이 책이 그런 책이 되었으면 한다. 기도는 당연히 해야 한다. 성경이 그렇게 명령하고, 무엇보다도 그렇게 전제한다. 하지만 "더 기도해야지"에서 "기도할 수 있어"로 성장하려면, 올바른 방식으로 기도를 생각해야 한다.

그리고 그 올바른 방식의 핵심은 우리 하나님이 귀와 가슴을 활짝 열고 계신다는 사실을 이해하는 것이다. 그분께 말씀드리자. 원하는 것을 정직하게 말씀드리자. 그분께 솔직해지자. 좋은 인상을 보이려고 애쓸 필요 없다. 하늘에 계신 아버지는 이미 당신을 사랑하신다. 그저 그분 앞에 나와서 말씀드리기만 하면 된다. 얼마나 좋은 소식인가.

그런데 그보다 더 좋은 소식이 있는데, 우리가 기도하려고 나아올 때 하늘에 계신 우리 아버지가 기뻐하며 우리를 기다리고 계신다는 것이다. 우리에게 귀 기울이고 그 기도를 들어주기를 간절히 바라시면서.

스터디 가이드

1. 저자는 "그리스도인의 삶에서 기도보다 더 중요하면서도 우리에게 큰 좌절을 안겨 주는 것이 있을까?"(13쪽)라는 질문으로 이 책을 시작한다. 저자가 그렇게 말한 이유는 무엇일까? 이 말은 당신에게 어떤 격려가 되는가?

2. 저자는 "예수님은 우리가 올바른 마음에서 올바른 이유로 기도하기를 원하신다"(17쪽)라고 말한다. 이 말은 무슨 의미일까?

3. 열왕기상 18장 20-40절을 살펴볼 때 어떤 기도의 내용이나 방식이 그리스도인을 위선자나 이방인처럼 보이게 만드는가?

4. 기도는 어째서 믿음의 행위인가?

5. 이 장에서 본 하나님의 어떤 성품이 당신에게 격려가 되었는가?

2.

우리 아버지

하늘에 계신 우리 아버지여
이름이 거룩히 여김을 받으시오며

마 6:9

이제 주기도의 내용을 본격적으로 살펴볼 차례다. 대부분의 독자는 주기도가 너무 익숙한 나머지, 우리에게 이런 기도가 있다는 사실이 얼마나 놀라운지 생각해 볼 기회가 없다. 역사에 길이 남을 최고의 농구 감독에게 골 넣는 법을 배울 기회가 생긴다면 어떨까? 최고의 셰프에게 요리하는 법을 배울 기회가 생긴다면? 최고의 조종사에게 비행기 조종법을 배울 기회가 생긴다면? 당신은 잔뜩 흥분한 상태로 전문가의 말을 듣고 그의 조언과 예시를 실행에 옮길 만반의 준비를 할 것이다.

그러니 우리는 얼마나 더 열정적으로 예수님 말씀을 들을 준비가 돼 있어야 하겠는가. 그분은 기도의 전문가를 초월하는 분이고, 기도는 그 어떤 취미나 기술, 직업보다 훨씬 더 중요하니 말이다. 기도는 그리스도인에게 없어서는 안 되는 것이다. 우리는 기도하지 않고 살 수 없다.

얼마 전에 우연히 친구를 만났다. 마침 그는 어떤 그리스도인 우주 비행사와 대화를 마치고 있었다. 이 우주 비행사는 여러 차례 우주 비행에 나섰기에 그가 우주 정거장에 대해 상당한 지식을 보유하고 있다는 점은 의심의 여지가 없었다. 만약 당신이 몇 달간 우주 정거장에 가서 살게 된다면 이 우주인이 우주에서 어떻게 숨을 쉬어야 하는지 조언하는 내용을 반길 것이다. 그가 하는 말 한마디 한마디에 상당히 관심을 갖게 되지 않겠는가? 호흡법보다 더 중요한 것은 그리 많지 않다.

마찬가지로 그리스도인의 생활에서 기도하는 법을 아는 것보다 더 중요한 건 그리 많지 않다. 그런데 예수님이 우리를 위해 이 기도를 남기셨으니 얼마나 다행인가. 그분은 기도하라고만 하지 않으시고, 어떻게 기도해야 하는지 완벽한 본보기를 남겨 주셨다. 이보다 중요한 것이 또 있을까? 교부 키프리아누스가 말했듯이 "진리이신 성자 예수님이 그분 입으로 직접 우리에게 주신 기도보다 더 아버지께 진실한 기도가 또 있겠는가?"[1]

---

1) Cyprian of Carthage, "On the Lord's Prayer," in *Fathers of the Third Century: Hippolytus, Cyprian, Novatian, Appendix*, ed. Alexander Roberts, James Donaldson, and A. Cleveland Coxe, trans. Robert Ernest Wallis, vol. 5, The Ante-Nicene Fathers (Buffalo, NY: Christian

마르틴 루터는 주기도를 "이 땅에 온 최고의 기도 혹은 사람이 생각할 수 있는 최고의 기도"라고 했다.[2] 장 칼뱅은 주기도로 기도하는 특권을 강조했는데, "하나님의 독생자가 우리 입술에 말씀을 주시고 모든 망설임에서 우리를 해방하시기" 때문이다.[3] 언제 이 기도를 드려야 할지, 언제 이 기도에 따라 기도해야 할지 궁금해하지 않아도 된다. 하나님이 듣기 원하시는 기도를 하고 있는지, 무엇이 그분을 기쁘시게 하는지, 무엇이 열매를 맺고 유익한지 알려고 애쓸 필요가 없다. 예수님이 친히 우리에게 알려 주시기 때문이다.

초기 교회로부터 전해 내려오는 비성경 자료 중 하나인 디다케(*Didache*)[4]는 하루에 세 번씩 주기도를 드리라고 그리스도인들에게 권고한다(회당의 기도 전통에서 이런 방식을 가져온 듯하다). 물론 성경에는 하루 세 번씩 주기도로 기도하라는 명령이 없다. 그런 명령이 있었다면 예수님이 마태복음 6장에서 경고하신 것처

Literature Co., 1886), 448.

2) Martin Luther, *The Sermon on the Mount (Sermons) and the Magnificat*, ed. Jaroslav Pelikan, vol. 21, Luther's Works (St. Louis, MO: Concordia, 1956), 146.

3) John Calvin, *Institutes of the Christian Religion*, ed. John T. McNeil, trans. Ford L. Battles (Philadelphia: Westminster Press, 1960), 3.20.34. (『기독교강요』)

4) 주후 100년경 시리아에서 기록된 것으로 보이는 작자 미상의 문서. 현존하는 가장 오래된 기독교 문서 중 하나로, 교회 규율에 관한 내용을 담고 있어 고대 교회 연구에 좋은 자료가 된다.—옮긴이 주

럼 우리는 쓸데없이 주기도를 반복했을지도 모른다. 하지만 디다케의 권고는 주기도가 교회 초창기부터 중요했음을 알려 준다. 그리스도인들은 주기도가 다른 기도와는 다르다는 것을 늘 잘 알고 있었다. 주기도는 우리가 다른 기도를 어떻게 드려야 하는지 가르쳐 주는 기도다. 당연히 우리가 하는 모든 기도는 주기도와 똑같은 표현을 포함할 필요도 없고, 똑같은 구조를 따를 필요도 없다. 하지만 그리스도인의 모든 기도는 주기도를 바탕으로 해야 한다. 주기도는 우리 기도의 본보기이며, 우리가 무엇을 위해 기도해야 하는지, 그만큼 중요하게는, 우리가 누구에게 기도하는지를 가르쳐 준다.

간단한 구조

주기도를 살펴보면 구조가 간단한 것을 알 수 있다. 도입부에 이어서 여섯 가지 간구가 나온다. 도입부의 말들이 송영(ascriptions)이 아니라는 점을 알아차리는 것이 중요하다. 여기서는 "하나님의 이름이 거룩합니다!"라거나 "하나님 나라가 임합니다!"처럼 그분께 속한 무언가를 언급하지 않는다.

도입부의 말들은 간구다. 하나님께 무언가를 요청하고 있다. 처음에 나오는 세 간구는 **하나님의 영광**, 곧 그분의 이름과 나라와 뜻에 초점을 맞추고, 다음에 나오는 세 간구는 **우리의 유익**, 곧 우리의 공급과 용서와 보호에 초점을 맞춘다. 물론 이 둘을 구분하기는 힘들다. 하나님이 우리에게 필요한 것을 주실 때 그분은 영광을 받으시고, 우리가 우리에게 필요한 것을 구할 때는 항상 하나님의 영광을 염두에 두어야 한다. 이것이 하나님의 영광과 우리의 유익이라는 두 종류의 간구를 이해하는 데 도움이 되는 방법이다.

전통적인 주기도에는 이 여섯 가지 간구 후에 마무리 송영이 나온다. "나라와 권세와 영광이 아버지께 영원히 있사옵나이다." 나중에 이 마지막 구문을 살펴볼 때 보겠지만, 최신 영어 성경에는 이 마무리 송영이 나오지 않는다. 최상의 그리스어 사본에 그 구문이 없기 때문이다. 그렇다 하더라도 이 송영은 성경의 진리와 언어를 반영하고 있다. 이 내용이 어디에서 왔는지(혹은 오지 않았는지)를 인지하기만 한다면, 흠정역 성경에서부터 전해져 내려오는 이 전통적인 결말을 얼마든지 사용해도 괜찮다.

이 장에서 하려는 작업은 간단한데, 도입부에서부터 첫 번째 간구까지 한 구절 한 구절, 때로는 한 단어 한 단어 살펴보는 것이다.

가족 관계

주기도의 영어 번역본에 처음 등장하는 단어는 "우리"(마 6:9)지만, 그리스어 사본에서 첫 단어는 '파테르'(pater), 곧 아버지다. 주기도를 '파테르노스터'(Paternoster)라고도 하는데, 이는 라틴어로 번역한 주기도의 처음 두 단어를 따온 말이다. 흥미롭게도 주로 유럽에서 볼 수 있는 구형 승강기를 파테르노스터라고 한다. 파테르노스터 승강기는 나무 상자 여러 개가 멈추지 않고 계속 오르락내리락하며 돌아간다. 이 승강기에 타려면 승강기가 움직이는 동안 올라가고 내려와야 한다. 이 기계가 묵주를 닮아서 파테르노스터라는 이름이 붙었다는 이야기도 있다. 매일 이 승강기를 타면서 기도한 사람들에게서 이 이름이 비롯되었다는 이야기도 들은 적이 있다.

마태복음 6장 9절은 승강기와는 전혀 상관이 없다(물론 매우 고양되는 말씀이기는 하다!). 이번에도 우리는 이 기도가 너무 익숙해서 그 내용에 충분히 감탄하지 못한다. 온 우주의 하나님, 무에서부터 이 세상을 만드신 하나님, 아브라함과 이삭과 야곱의 하나님, 열 가지 재앙을 내리고 홍해를 가르신 하나님, 영광의 구름으로 성막에 임하신 하나님, 레바논의 백향목을 흔드시는 하나님, 옛적부터 항상 계신 이로 다니엘에게 나타나신 하나님, 직접 대면한 자는 아무도 살아남을 수 없는 하나님. 예수님은 우리가 이 하나님을 '아버지'로 부르길 원하신다.

하나님을 아버지로 부르는 친밀한 기도는 인간의 권리가 아니다. 영적 특권이다. 하나님의 영으로 거듭난 하나님의 백성에게만 허락된 특권이다. "영접하는 자 곧 그 이름을 믿는 자들에게는 하나님의 자녀가 되는 권세를 주셨으니 이는 혈통으로나 육정으로나 사람의 뜻으로 나지 아니하고 오직 하나님께로부터 난 자들이니라"(요 1:12-13). 하나님을 '아버지'로 부르는 것은 인간의 자연적 생득권이 아니라 거듭난 영적 생득권이다.

모든 사람이 하나님으로 인해 존재하게 되었다면, 어떤 의미에서 그분이 만인의 아버지시라고 말할 수 있다는 사람들이 있다(행 17:28-29). 하지만 예수님은 하나님 아버지를 그런 식으로 말씀하지 않으신다. 내가 읽은 어느 책에서는 "하나님은 모든 사람의 아버지"라면서 그분의 보편적 부성에 관해 오래된 자유

주의의 주장을 내세웠다. 그 점을 증명하기 위해 저자는 성경은 단 한 구절도 인용하지 않고 루돌프 불트만(Rudolf Bultmann)을 인용한다.[5] 그러나 성경은 영적 의미에서 하나님이 모든 인간의 아버지시고 우리 모두는 그분의 자녀라는 생각을 보증하지 않는다.

제자들만이 하나님을 '아버지'라고 부를 수 있다. 하나님의 아버지 되심이 신약보다 덜 분명히 나타나는 구약에서조차 아버지와 자녀의 이 친밀한 관계는 하나님 백성에게만 주어진 특별한 권리임을 볼 수 있다. 구약 성경에서 **아버지**라는 단어가 종교적 의미로 사용된 것은 15회지만, 신약 성경에서는 245회 사용된다. 구약에 드문드문 나타났던 사상이 신약에서는 핵심이 되었다. 즉, 하나님이 먼저 손을 내미셔서 우리는 그분을 아버지로 알 수 있다. "보라 아버지께서 어떠한 사랑을 우리에게 베푸사 하나님의 자녀라 일컬음을 받게 하셨는가"(요일 3:1).

부수적이지만 중요한 점이 있다면, 여기서 '아버지'를 '어머니'로 대체할 수 없다는 것이다. 물론 젖 먹이는 어머니(사 49:15)나 새끼를 날개 아래 품는 암탉(마 23:37)처럼 성경에서는 모성

---

[5] Charles M. Laymon, *The Lord's Prayer in Its Biblical Setting* (Nashville, TN: Abingdon: 1968), 85.

적인 특징을 들어 하나님을 묘사하기도 한다. 이런 이미지를 사용하면서 당황할 필요는 없지만, 이는 하나님을 어머니로 칭하는 것과는 전혀 다르다. 하나님은 영이시기 때문에 몸이 없으시다. 생물학적 성별도 없으시기에 남성도 여성도 아니시다. 성경에서 하나님은 스스로를 왕, 남편, 아버지로 나타내시지만, 여왕이나 아내, 어머니로 나타내시지는 않는다. 우리 생각에 더 좋게 들리거나 사회적으로 더 익숙하거나 사람들이 더 적절하다고 생각하는 방식으로 하나님께 기도할 권리가 우리에게는 없다. 이름을 붙이는 행위는 권위를 내재한 행위다(하나님이 아담의 이름을 지으시고, 아담이 하와의 이름을 지은 것을 생각해 보라). 우리가 계시를 위반하거나 하나님의 신성한 특권을 빼앗지 않으면서(출 3:13) 그분께 새로운 정체성과 이름을 부여할 수 있다고 생각한다면 선을 넘어도 한참 넘은 것이다. 이는 남자가 여자보다 우월하다의 문제가 아니다. 하나님이 자신을 어떻게 계시하기로 선택하셨느냐의 문제다. 성경은 하나님을 남성 대명사와 호칭으로 표현한다.

  하나님께 아버지라고 기도하는 것은 삼위일체 하나님이 주신 선물이다. 기도는 삼위일체의 첫 번째 위격과만 연관된 것처럼 보이지만, 로마서는 우리가 성령님 덕분에 "아빠 아버지!"

라고 부를 수 있다고 말해 준다. 성령님은 우리가 하나님의 자녀요, 상속자요, 그리스도와 함께한 상속자라고 증언하신다(롬 8:14-17). 마음에서부터 진심으로 주기도를 드리는 사람은 누구나 영광스러운 삼위일체의 역사를 보여 주는 셈이다. 성령님은 성자 하나님과 연합하여 우리 마음 가운데 일하셔서 우리가 믿음을 통해 성부 하나님을 부르짖게 하신다.

그리스도인의 기도(그리스도인 이외에도 수많은 사람이 기도한다)의 가장 큰 특징은 기도할 때 바라보는 방향도 아니고, 몸의 자세나 특별한 느낌도 아니다. 무엇보다도 그리스도인의 기도는 기도하는 대상을 인식한다. 하나님은 그저 특정한 단어나 문구를 반복하는 것을 원하지도, 기뻐하지도 않으신다. 그분은 자녀들의 이야기를 듣는 것을 기뻐하신다. 우리가 그분을 사랑하고, 그분과 함께하기 원하며, 그분을 신뢰하고, 그분이 우리를 돌보는 것을 믿기 원하신다. 하나님은 무슨 일이든 능치 못함이 없는 분임을 우리가 알기 원하신다. 기도할 때 우리 자신에게는 덜 신경 쓰고 하나님을 더 많이 인식해야 한다. 우리는 기도하다가 정신이 산만해지거나 낙심할 때, 누군가 여기서 우리 이야기를 듣고 있는데 그분이 평범한 사람이 아니라 하늘에 계신 우리 아버지라는 단순한 사실을 되새겨야 한다. 기도는 영적 독백이나 하루를 위한 의식이나 직장에 나가기 전에 처리해야 할 중요한 일에 불과하지 않다. 기도란 내 아버지이자 하나님이신 분께 말씀을 드리는 것이다.

기도할 때 당신이 누구에게 이야기하는지 잊지 말라. 예수님은 기도를 가장 친밀한 가족 용어로 설명하신다. 우선, 기도는 적절하게 치러야 하는 의전이 아니다. 우리가 대화하는 대상이 누구인지 알면 그 대상에 어떻게 접근해야 할지는 저절로 알게 될 것이다.

하나님은 당신의 룸메이트나 집사나 연인이 아니다. 그러니 지나치게 다정하거나 요구 사항을 늘어놓거나 낭만적일 필요가 없다. 그렇다고 독재자나 가석방 담당자나 엄한 감독관에게 하듯 기도해서도 안 된다. 상대가 별로 좋은 생각이 아니라고 생각하는데도 우리 이야기에 귀 기울여 달라고 애원하지 않아도 된다. 그러니 굽실거리거나 초조해하거나 두려워하지 말자. 그분의 자녀로 하나님 앞에 나아가자. 아버지가 당신을 사랑하신다는 사실에 안심하고, 그분이 당신 이야기를 듣기 원하심을 믿자.

공동체 기도

나는 바로 앞에서 하나님이 당신의 기도를 듣기 원하신다고 확신해도 좋다고 말했다. 좀 더 정확히 하자면, 하나님이 **우리**의 기도를 듣기 원하신다고 말했어야 했다. 앞에서 언급했듯이 주기도에 처음 등장하는 단어가 **우리**이기 때문이다.

물론 개인 기도도 해야 한다. 앞에서 예수님은 골방에 들어가 문을 닫고 기도하라고 말씀하셨고, 그분도 주기적으로 한적한 곳에서 혼자 기도하는 본보기를 보여 주셨다(마 14:23; 막 1:35; 눅 5:16). 그러나 주기도 전체에는 일인칭 대명사가 단 한 번도 나오지 않는다. 그리고 주기도는 우리 모든 기도의 모범이 되는 기도다. 우리는 혼자 기도할 때조차 어떤 의미에서 그리스도의 더 큰 몸과 함께 기도하는 셈이다. 하지만 이 점이 예수님이 **우리**라는 말로 주기도를 시작하시면서 주로 염두에 두신 것은 아닌 듯하다.

우리라는 말에서 얻을 수 있는 가장 중요한 교훈은 기도가 공동의 일이라는 점이다. 공동 기도는 예수님 시대보다 우리 시대에 훨씬 더 어렵다. 유대감이 강한 이웃이 있거나 기독교 대학 기숙사에 살지 않는 한, 대부분의 현대인은 날마다 소그룹으로 모여 기도하지 않을 것이다.

하지만 혼자가 아니라 함께 한다면 기도에 더 충실할 수 있지 않을까? 다른 사람과 함께하는 것은 중요하다! 그래서 부부가 함께 기도하고, 가정 예배를 드리고, 소그룹에 참여하고, 직장에서 다른 신자들과 함께 모이고, 교회에서 이런 종류의 공동체를 어떻게 발전시킬지 생각하는 것은 유익하다. 우리는 기도를 듣고 '이게 바로 내가 다른 신자들과 함께 주기적으로 해야 할 일'이라고 생각해야 한다.

예수님은 제자들이 기도할 때 다른 사람들과 함께 기도할 것이라고 가정하신다. 또한 우리가 공동으로 기도할 때 기도하는 내용은 대부분 익숙한 기도 형태로 이루어질 것이라고 가정하신다. 복음주의 전통에 속한 사람들은 대체로 즉석 혹은 즉흥으로 드리는 기도가 진짜 기도라고 간주한다. 물론 온전히 자기 말로 기도할 수 있는 능력은 중요하다. 하지만 참회의 기도나 찬송가, 성공회 기도서, 청교도 기도 모음집인 『기도의 골짜기』(*The Valley of Vision*) 등 하나님이 우리에게 주신 풍요로운 전통을 무시해서는 안 된다. 이 많은 자료를 사용하는 것을 두려워해서는 안 된다. 예수님과 제자들은 18개 축복 기도문에 익숙하고 그 내용을 암송할 수 있었을 것이다. 십자가에서 가장 큰 시험을 당하시던 예수님의 입에서 어떤 말씀이 흘러나왔는가? 성경에 나오는 말씀과 기도였다. 예수님이 배신당하시던 날 밤, 제자들이 찬미하며 나아갈 때 부른 노래는 할렐 시편(시 113-118편)[6]이었다. 물고기 배 속에 있던 요나는 "주의 모든 파도와 물결이 나를 휩쓸었나이다"라고 시편 42편 7절로 기도했다. 우리는 자유로이 기도할 수도 있고, 형식을 갖추어 기도할 수도 있다.

시시한 하나님이 아니다

"하늘에 계신 우리 아버지여…"(마 6:9). 아버지와 대화하는 것은 소중하다. 그런데 예수님의 기도에서 놀라운 점은 우리 아버지가 하늘에 계시다는 것이다. 어느 쪽으로 생각해도 놀랍다. 하나님이 내 아버지시고, 내 아버지가 하나님이시다!

아이들은 자라면서 아빠를 천하무적인 존재로 생각하는 시기를 거친다. "우리 아빠는 힘이 세요. 우리 아빠는 키가 커요. 우

---

[6] 하나님을 찬양하는('할렐') 노래. 유대인들이 유월절 등 주요 절기에 하나님이 이스라엘 역사 가운데 행하신 일을 찬양하며 성전과 회당, 가정에서 불렀다.—옮긴이 주

리 아빠는 엄청나게 똑똑해요. 우리 아빠는 매우 빨라요." 하지만 더 중요한 것이 있는데, "우리 하나님은 매우 크고 강하고 능력이 많으시다. 우리 하나님께는 능치 못할 일이 없으시다"는 것이다.

물론 어떤 사람들은 하나님이 아버지라는 생각을 힘들어할 수 있다. 그리스도인 중에는 변변찮은 아버지, 학대하는 아버지 밑에서 자라거나 아예 아버지가 없는 사람들도 있다. 우리는 **아버지**라는 말에 온갖 나쁜 감정을 다 떠올리는 사람들에게 충분히 공감할 수 있다. 하지만 옛날에도 아버지에 대해 좋지 못한 기억을 가진 사람들은 있었다. 하늘에 계신 우리 아버지는 이 땅의 아버지들이 마땅히 따라야 할 본보기다. 우리는 하나님의 계시로 자기 경험을 해석해야지, 자기 경험으로 하나님의 계시를 해석해서는 안 된다. 우리를 사랑하시는 아버지는 만물을 다스리시는 왕이다. "하늘에 계신 우리 아버지"는 우리가 친밀하면서도 권위 있는 하나님께 기도한다는 점을 알려 준다. 친밀감과 권위는 둘 다 중요하다.

제임스 패커(J. I. Packer)가 주기도에 대해 쓴 책에서 읽은 한 구절이 나를 멈춰 세웠다. "기도의 활력은 기도를 일으키시는 하나님에 대한 관점에 달려 있다. 하나님을 시시한 분으로 생각하면 기도도 따분해진다."[7] 내 기도 생활을 돌아볼 수밖에 없다. 물론 사람이라면 누구나 기도할 때 산만해지기 쉽다. 우리는 때로 훈련을 힘들어한다. 기도하기 힘들 때 자책할 필요는 없다. 대다수가 그렇다. 하지만 대체로 기도가 따분하고 지루하다면, 내가 기도하는 대상이 누군지 잊어버렸기 때문이라고 결론을 내려야 할 것이다.

당신이 함께 기도하고 싶어 하는 주변 사람들을 생각해 보자. 나는 그런 사람들을 떠올릴 때면 어떻게 그들이 천국 문을 두드렸는지, 어떻게 하나님께 경외감과 친밀감을 품고 기도했는지, 어떻게 그들을 사랑하시고 행동하시며 그들에게 귀 기울이시는 크신 하나님께 기도했는지를 떠올린다. 나는 그런 사람들과 기도하길 좋아한다. 우리의 기도가 따분하고 지루하다면, 우리가 하나님을 따분하고 지루한 분으로 생각하기 때문은 아닐까? 우리가 어떤 분께 말씀드리고 있는지 잘 안다면 어떻게 그분과의 대화를 고대하지 않을 수 있을까?

하나님을 시시하게 생각하면 기도가 따분해진다. 그러니 더 좋고 진실하고 크고 다정하신 하나님을 생각하고, 그럴 때 당

---

[7] J. I. Packer, *Praying the Lord's Prayer* (Wheaton, IL: Crossway, 2007), 35. (『주기도문』, 아바서원)

신의 기도 생활이 어떻게 달라지는지 살펴보자.

세상이 알도록

지금까지 주기도의 도입부를 살펴보았다. 이제 드디어 첫 번째 간구를 살펴볼 차례다. "이름이 거룩히 여김을 받으시오며"(마 6:9). 이 기도는 하나님의 이름이 더 거룩해질 수 있다는 뜻이 아니다. 하나님을 영광스럽게 한다는 것은 현미경이 작은 사물을 크게 보여 주는 것과는 다르다. 오히려 망원경이 상상하기 힘들 정도로 아주 큰 사물을 제대로 보여 주는 것과 비슷하다. 거룩히 여긴다는 말은 '모든 세계와 피조물이 하나님을 제대로 보도록, 그중에서도 특히 하나님의 피조된 인간이 그분을 예배하고 순종하게 한다'는 뜻이다. 칼뱅이 표현한 대로 "우리는 하나님이 받으시기 합당한 존중을 받으시길 원한다. 인간은 최고의 경외심으로 그분을 생각해야 한다."[8]

이것이 첫 번째 간구인 이유가 있다. 이 간구가 다른 모든 간

8] Calvin, *Institutes*, 3.20.41. (『기독교강요』)

구를 하나로 묶어 주기 때문이다. 이 간구 때문에 이후의 모든 간구가 제대로 된 초점과 순서를 갖추게 된다. 자녀들이 부모에게 와서 "부탁드릴 게 있어요. 하지만 그 전에 우리가 부모님을 사랑하고, 부모님이 어떻게 하시든 존중할 거라는 걸 아시면 좋겠어요"라고 말한다면, 이후에 이어지는 자녀들의 요청이 어떤 마음에서 비롯되었는지 알 것이다.

하나님의 이름은 그분의 모든 속성과 사역의 총합이다. 그래서 시편 기자는 하나님이 그분의 이름과 말씀을 모든 것보다 더 높이셨다고 말한다(시 138:2). 구약 성경에 하나님이 그분의 이름을 위해 행하신다는 말씀이 자주 나오는 이유도 그 때문이다(시 25:11; 사 43:6-7; 겔 20:14; 36:22). 하이델베르크 요리문답에 따르면,

> "이름이 거룩히 여김을 받으시옵소서"는 다음과 같은 뜻이다. 주께서 행하시는 모든 일에서 주님을 거룩히 여기고 경배하고 찬송하게 하옵소서. 주께서 행하시는 일에는 주님의 전능한 능력과 지혜와 선하심과 의와 자비와 진리가 환히 빛나옵니다. 또한 우리의 모든 삶을 지도하시고 우리의 생각과 말과 행동을 주장하셔서, 주님의 이름이 우리 때문에 더럽혀지지 않고 오히려 영

예롭게 되고 찬양을 받게 하옵소서(제47주일).

이 기도는 우리 마음과 행동과 이 세상에 기적을 행하셔서 그분의 이름이 구분되도록 하나님께 요청하는 것이다. 이 기도는 그분을 찬양하고 모든 민족이 그분을 찬양하기 원하는 우리의 가장 중요한 바람을 하나님께 분명히 한다. 온 세상이 하나님이 어떤 존재이신지 제대로 보길 원하는 바람을 나타낸다.

그 대상이 우리 자녀나 배우자든, 우리가 좋아하는 영화나 그림이든, 우리는 사람들이 우리가 인정하는 것을 같이 인정해 주기를 바란다. 우리는 사람들이 기도할 때 간구하는 내용을 보고 그 사람에 대해 많이 알 수 있다. 그래서 "하늘에 계신 우리 아버지여 이름이 거룩히 여김을 받으시오며"라고 기도할 때 우리는 이렇게 말하는 셈이다. "오, 하나님, 모든 민족이 주님을 찬양하기 원합니다. 저부터 시작해 주십시오. 제 마음으로 하나님을 찬양하고, 그 찬양이 전 세계에 퍼지기를 기도합니다." 이것이 우리가 간구하는 내용이요, 기도할 때 하나님께 가장 먼저 바라는 것이다.

이 간구가 다른 모든 간구에 영향을 미친다. 이 간구가 다른 모든 간구를 대표한다. 나머지는 다 이 간구에서 비롯된다. 우리는 자신의 유치한 작은 제국을 위해 기도하기를 원치 않는다. 우리 이름이 아니라 하나님의 이름을 위해 기도한다. 이 간구보다 더 반체제적이고 더 급진적이며 더 해방적인 간구가 있을까?

이 기도는 하나님께는 영광을, 우리에게는 유익을 의미한다. 이 둘은 절대 분리할 수 없다. 사람의 제일 되는 목적이 무엇인가? 웨스트민스터 소요리문답은 사람의 제일 되는 목적이 하나님을 영화롭게 하는 것과 그를 영원토록 즐거워하는 것이라고 말한다. 이 둘은 항상 같이 가기 때문에 두 목적이 아니라 한 목적이다. 하나님의 영광을 위해 사는 삶이야말로 가장 행복한 삶이다. 그러니 왜 굳이 그보다 못한 것을 구하겠는가?

스터디 가이드

1. 주기도는 어떻게 우리가 다른 모든 기도를 드리는 방법을 가르쳐 주는가?

2. 주기도 전반부의 세 간구는 어떻게 하나님의 영광에 초점을 맞추는가? 후반부의 세 간구는 어떻게 우리의 유익에 초점을 맞추는가?

3. 공동체의 기도는 어떤 형태여야 하며, 그 점은 우리에게 어떻게 격려가 되는가?

4. 하나님에 대한 경외감과 친밀함이 어떻게 우리 기도를 발전시키거나 바꿀 수 있는가?

5. '거룩함'에 대한 저자의 설명은 당신이 기도를 더 잘 이해하는 데 어떤 도움이 되는가? 주기도에서 하나님의 거룩하신 이름을 가장 먼저 언급하는 것은 왜 중요한가?

3.
우리의 바람

나라가 임하시오며
뜻이 하늘에서 이루어진 것 같이 땅에서도 이루어지이다
마 6:10

지난 두어 달간 앤드루 로버츠(Andrew Roberts)가 쓴 1,100쪽에 달하는 윈스턴 처칠 전기를 탐독했다. 놀라운 생애를 담은 놀라운 책이다. 이 책을 관통하는 주제 중 하나는 대영 제국의 위대함에 대한 처칠의 평생에 걸친 신념이다. 로버츠는 말하기를, 오늘날 우리는 제국주의와 식민주의를 다르게 생각하고 그것들이 자행한 수많은 악행을 인정하지만, 처칠의 시각은 달랐다고 한다. 인도에서 영국의 통치를 처음 경험했을 때 그는 철도, 관개, 대중 교육, 신문, 다리, 도로, 송수로, 대학, 병원, 법치, 영국 육군과 해군의 보호, 영어의 이점, [남편을] 화장할 때 아내도 함께 불태우는 것 같은 전통 폐지 등에 감탄했다. 이 모두는 처칠이 영국 귀족으로서 배운 것, 곧 조국을 위해 목숨을 바치는 일이 가치 있다는 사실을 확증해 주었다.

나는 여기서 영국의 인도 통치의 명암에 대해 역사적으로 토론하는 데는 관심이 없다. 내가 주목하려는 것은 로버츠가 처칠이 20대 초반에 인도에 머물면서 받아들인 헌신에 대해 언급한 내용이다. "[처칠은] 영국 안팎의 모든 적으로부터 대영 제국을 지키는 데 자기 인생을 바치기로 확고히 결단했다. 그는 정치 경력 내내 자신의 이익보다 제국의 이상을 앞세우고 거기에 충성을 바쳤다."[1]

윈스턴 처칠과 그와 비슷한 당대의 많은 사람이 불완전하고 악한 대영 제국에 그렇게 헌신할 수 있었다면, 우리 그리스도인은 그보다 훨씬 더 자비롭고 중대하고 영원한 나라에 얼마나 더 헌신해야 하겠는가? 당신이 죽고 나서 한참 후, 사람들이 당신이 하나님 나라를 선포하고 안팎의 모든 적에 맞서 그 나라를 앞당기는 데 자신의 인생을 바치기로 확고히 결단했다고 이야기한다면 어떨까? 당신이 평생 자신의 이익보다 하나님과 그분의 뜻을 앞세우고 거기에 충성을 바치기로 했다고 말이다.

궁극적으로는 당연히 그 둘은 다르지 않다. 우리 최선의 이익

---

[1] Andrew Roberts, *Churchill: Walking with Destiny* (New York: Penguin, 2018), 39–40.

은 하나님 나라에 있기 때문이다. 먼저 그 나라를 구하면 이 모든 것을 더하실 것이다(마 6:33을 보라). 그러니 처칠이 대영 제국에 헌신했다면, 우리는 얼마나 더 큰 희생과 열정으로 평생 하나님 나라에 헌신해야 하겠는가?

이 장에서는 주기도의 두 번째 간구와 세 번째 간구를 살펴보려 한다. "나라가 임하시오며 뜻이 하늘에서 이루어진 것 같이 땅에서도 이루어지이다"(마 6:10). 세 가지 질문이 있다. 첫째, 이 기도에서 하나님의 '나라'와 '뜻'은 무엇을 의미하는가? 둘째, 이 두 기도를 드릴 때 우리가 간구하는 내용은 무엇인가? 셋째, 이 간구의 관점에서 본다면 우리는 어떻게 살아가야 하는가?

나라와 뜻의 의미

첫째, 이 기도에서 나라와 뜻은 무엇을 의미하는가? 이 질문에 답하기 위해서는 이 책에서 가장 길고 어려운 설명이 필요하다. 우선 **나라**부터 시작해 보자.

나라를 뜻하는 그리스어 '바실레이아'(*basileia*)는 신약 성경에

162회나 등장하기에 중요한 성경 용어임에 틀림없다. 주기도에서는 **나라**라는 단어만 사용하지만, 분명 하나님 나라를 가리킨다. 신약에서 나라를 제대로 이해한 경우라면 틀림없이 그 나라를 **하나님** 나라라고 강조해야 한다. 마태복음에서 "하늘나라"라는 표현도 자주 사용되지만, 이는 하늘에 계신 하나님께 속한 나라를 유대식으로 가리킨 표현일 뿐이다.

간단하게 정의하자면, 하나님 나라는 그분의 통치와 다스림으로 생각하면 된다. 하나님 나라를 생각하는 또 다른 방식은 하나님의 구속적 임재가 하늘에서 땅으로 내려왔다고 보는 것이다.

우리는 성경 전체에서 이 주제를 볼 수 있다. 에덴동산에서는 하나님의 임재와 거룩함과 언약적 관계가 아담과 하와와 함께 있었다. 하지만 아담과 하와는 죄와 반역 때문에 이 땅의 하나님 나라인 동산에서 쫓겨났다.

그때 하나님은 거룩한 땅을 약속하셨다. 창세기에서 보듯이, 하나님 백성은 가나안 땅을 고대했다. 그 땅은 에덴동산 같은 곳일 것이다. 가나안을 묘사한 글은 에덴동산을 떠올리게 한다. 이스라엘을 조금이라도 아는 사람이라면 거기서 젖과 꿀은 찾아보기 힘들다는 것을 알 텐데, 왜 가나안을 젖과 꿀이 흐르는 땅이라고 했을까? 그곳은 농사를 짓기 힘든 땅이지만 에덴 동산을 환기하므로 그 풍요로운 이미지로 묘사한 것이다. 가나안은 하나님이 그들을 위해 예비하신 약속의 땅이었다. 그분은 성막에서, 나중에는 성전에서 백성 가운데 거하시고, 그들은 그분의 임재를 중심으로 모일 것이었다.

결국 하나님 백성은 죄와 반역으로 약속의 땅에서 쫓겨나 바벨론에 포로로 잡혀갔다. 이번에도 하나님 백성은 에덴 동쪽으로 보내졌다.

시간이 흘러 그들은 가나안으로 돌아가 새 성전을 지을 수 있게 되었다. 하지만 예수님이 오셔서 자신이 새로운 성전, 새로운 이스라엘이 될 것이라고 선언하셨다. 지상에서 하나님이 더는 땅이나 건물 주변에 임재하시지 않고 사람 주변에 임재하시리라 암시하신 것이다. 그래서 이제는 교회에서 하나님의 구속적 임재를 경험하게 된다. 교회는 에덴동산이나 고대 이스라엘처럼 하나님의 율법을 세우고, 그분의 임재를 알리며, 사랑과 용서와 구원이라는 하늘의 실재를 경험할 수 있는 곳이어야 한다. 율법을 어긴 사람이 진영 밖으로 쫓겨나거나 형벌을 받는다는 구약의 표현은 이제 신약에서 교회의 징계를 뜻하게 된다. 오늘날 하나님의 백성은 처형당하지는 않지만, 악하고 믿음 없는 사람으로 밝혀지면 에덴동산의 아담과 하와나 이스라엘 백성처럼 진영 밖으로 쫓겨난다.

여기서 하나님 나라와 교회의 관계에 대해 몇 가지를 언급해 두는 게 좋을 듯하다. 이 둘은 똑같지는 않지만 분리할 수 없어 이생에서는 중복되는 부분이 많다. 우리는 교회를 일종의 하나님 나라의 전초 기지나 대사관으로 생각할 수 있다. 대사관은 다른 나라에 있는, 한 나라의 전초 기지다. 대사관은 타국에서 평화롭게 머무르길 원하지만, 그 존재 목적은 자국의 이익 증진이다. 마찬가지로 온 세상 다양한 나라에 거주하는 교회의 존재 목적은 자국, 곧 하늘나라의 이익을 증진하는 것이다. 교회에서 사람들은 하나님 나라의 가치관과 통치가 존중되고 지켜지기를 기대한다. 교회는 이 땅에서 하늘나라의 전초 기지가 되어야 한다. 그렇기에 가난한 사람들이 **교회에서** 배고픔을 면해야 하고, 악하고 믿음 없는 사람들은 **교회에** 속해서는 안 된다. 교회의 사명이 사회 변혁이 아닌 이유는 교회가 죄인을 불못에 던지지 않는 이유와 같다. 우리가 만들려는 이 땅의 하늘나라는 교회에 속한 하나님의 백성 가운데 있는 천상의 실재다. 우리는 이 땅에 하늘나라가 있다고 믿지만, 사회 변혁 같은 유토피아적 계획은 아니다. 역사에는 자신들이 이 땅에 천국을 건설할 수 있다고 생각한 사람들의 좋지 않은 예가 즐비하다. 이 땅에 하늘나라를 만들려 한 인간적인 시도는 수많은 사람의 목숨을 앗아 갔다.

교회의 삶은 하나님의 구속적 임재를 온전히 누릴 영원한 삶을 고대한다. 오는 세대의 하나님 나라는 이 땅에서나 하늘에서나 더는 망가진 나라가 아니라 온전한 나라일 것이다. 헨델의 "메시아"(Messiah) 가사에 나오는 요한계시록 11장 15절의 기쁜 소식을 떠올려 보라. "세상 나라가 우리 주와 그의 그리스도의 나라가 되어 그가 세세토록 왕 노릇 하시리로다." 이것이 바로 오실 그 나라다. 하나님 나라는 천상의 세계가 이 땅의 실존으로 뚫고 들어오는 것이다. 하나님 나라는 우리가 가는 곳이 아니라 우리에게 다가오는 곳으로 생각해야 한다. 하나님 나라는 역사의 의미와 목적을 다 드러낸다. 구속사에 대한 이 짧은 개요를 통해 우리는 하나님 나라가 현재인 동시에 미래임을 알 수 있다.

이미와 아직

어떤 의미에서 예수님은 이미 왕이시다. 하지만 또한 왕이 되셔야 한다. 하나님 나라는 오는 세대를 가리키기도 한다.

인자가 자기 영광으로 모든 천사와 함께 올 때에 자기 영광의 보좌에 앉으리니 모든 민족을 그 앞에 모으고 각각 구분하기를 목자가 양과 염소를 구분하는 것 같이 하여 양은 그 오른편에 염소는 왼편에 두리라 그 때에 임금이 그 오른편에 있는 자들에게 이르시되 내 아버지께 복 받을 자들이여 나아와 창세로부터 너희를 위하여 예비된 나라를 상속받으라(마 25:31-34)

이것이 임할 하나님 나라다. 오는 세대, 하늘의 보상이다.

마찬가지로 마태복음 13장에서 예수님은 인자가 자신의 천사들을 보내서 모든 넘어지게 하는 것과 불법을 행하는 자들을 거두어 풀무 불에 던져 넣을 것이라고 말씀하신다. 그때에 의인들은 그들의 아버지 나라에서 해와 같이 빛날 것이다(마 13:41-43). 이것이 오는 세대다. 그리고 예수님은 요한복음 18장 36절에서 그 나라는 이 세상에 속하지 않는다고 말씀하신다. 그분은 이 땅의 보좌에서 다스리기 위해 오시지 않았고, 그 나라는 아직 완성되지 않았다는 뜻이다.

그렇다면 어떤 의미에서 확실히 그 나라는 **오고 있다**. 하지만 또 다른 의미에서는 이미 **임했다**. 이미 임한 나라와 아직 오지 않은 나라, 이 둘을 이해하기 전까지 우리는 신약 성경을 온전히 이해하지 못할 것이다. 예수님은 "내가 하나님의 성령을 힘입어 귀신을 쫓아내는 것이면 하나님의 나라가 이미 너희에게 임하였느니라"(마 12:28)라고 말씀하신다. 그 나라는 현재다. 누가복음 17장 21절에서는 바리새인들에게 그들이 엉뚱한 곳에서 하나님 나라를 찾고 있다고 말씀하신다. 그들이 자신들이 과거에 경험한 것 같은, 눈에 보이는 왕을 고대하고 있다는 것이다. 그분은 "하나님의 나라는 너희 안에 있느니라"라고 말씀하신다. 얼마나 대담한 발언인가. 만약 내가 "내가 여기 있으니 하나님 나라는 바로 너희 안에 있다"라고 말하며 돌아다닌다면, 교회에서 나를 해고할 아주 좋은 구실이 될 것이다. 하지만 예수님은 이렇게 말씀하실 수 있는데 이는 그 말씀이 사실이기 때문이다. 예수님이 계신 곳, 왕이 계신 곳, 거기에 하나님 나라가 임했다. 골로새서 1장 13절은 "그가 우리를 흑암의 권세에서 건져 내사 그의 사랑의 아들의 나라로 옮기셨으니"라고 말한다.

그 나라는 이미와 아직이다. 현재와 미래다. 구름을 뚫고 하늘에 태양이 비치기 시작했지만 아직 비가 완전히 그치지는 않아서, 현재로서는 밝은 태양 빛을 제대로 경험하지 못하는 것과 같다. 그래서 예수님은 기본적으로 똑같은 핵심을 담은 비유를 그렇게 많이 말씀하신 것이다. 지금은 하나님 나라가 작고 볼품없어 보이지만, 이 세대 끝에는 믿을 수 없을 정도로 크고 영광스러워질 것이다.

내가 이렇게 공들여 '하나님 나라'를 설명하는 이유는 선의를 지닌 그리스도인들이 이 영역에서 자신의 신학을 밀쳐 두기 쉽기 때문이다. 하나님 나라에 대한 오해들을 조심해야 한다. 사도행전 1장에 나오는 사도들을 생각해 보라. 부활하신 예수님이 이제 승천하려 하신다. 한자리에 모인 제자들이 예수님께 마지막 질문을 던진다. "주께서 이스라엘 나라를 회복하심이 이 때니이까?"(행 1:6) 흔히 나쁜 질문은 없다고들 하지만, 이 질문은 좋은 질문이라고 보기 힘들다. 제자들은 자신들이 예수님이 어떤 메시아시고 어떤 나라를 불러오시는지 제대로 이해하지 못했음을 다시 한번 드러낸다. 그들은 그 나라의 시기도 오해하고 있다. 하나님 나라는 현재이자 미래인데, 그들은 현재밖에 보지 못한다("이 때니이까?"). 그래서 사도행전의 이 단락은 다음과 같이 끝난다. "너희 가운데서 하늘로 올려지신 이 예수는 하늘로 가심을 본 그대로 오시리라"(행 1:11).

제자들은 하나님 나라의 범위를 오해한다. 예수님은 보편적인 나라를 말씀하시지만, 그들은 여전히 이스라엘만을 위한 나라를 생각한다. 특정한 민족이거나 특정한 장소에서 살아야 그 나라에 속하는 것이 아니다. 믿고 회개하면 들어갈 수 있다. 믿고 회개하는 모든 사람에게 그 나라는 열려 있다. 사도행전 1장 8절에서 예수님이 제자들의 사고를 바로잡아 주시는 것도 바로 그 때문이다. 그분은 사실상 이렇게 말씀하고 계신다. "이스라엘에 이 땅의 나라를 회복하는 것은 내게 너무 작은 일이다. 너희는 예루살렘과 온 유대와 사마리아와 땅 끝까지 이르러 내 증인이 될 것이다." 이스라엘만을 위한 나라가 아니라 온 세상을 위한 나라다.

가장 근본적으로, 제자들은 그 나라의 성격을 오해했다. 그들은 영적인 하늘의 나라를 정치적인 땅의 나라로 생각했다. 복음서 전체에 걸쳐 사람들은 예수님이 군대를 이끌고 로마를 무너뜨리고 눈에 보이는 왕좌를 회복하시기를 기대하고 있었다. 하지만 하나님 나라의 좋은 소식이 이 땅의 왕국을 예루살렘에 세우는 것이라면, 그것은 에베소나 로마의 이방인들에게는 좋은 소식일 수 없을 것이다. 그 나라는 온 세상을 위한 나라, 하늘의 나라, 영적인 나라다. 폭력을 행사하는 자들이 무력으로 천국을 빼앗으려 했지만(마 11:12), 예수님은 사람이 거듭나지 않으면 하나님 나라를 볼 수 없다고 말씀하셨다(요 3:3). 그분은 하나님 나라의 성격을 제자들이 잘못 이해하고 있는 것을 반복해서 바로잡아 주신다. "너희는 땅의 수단으로 하나님 나라가 온다고 생각하지만, 그렇지 않다. 하나님의 영으로 임하는 것이다."

선거나 교육이나 인도주의적 선행이나 환경 보호나 예술 발전이 하나님 나라가 임하게 할 수 없다. 우리는 이 점을 혼동해서는 안 된다. 맞다, 하나님 나라 가치관이 우리 정치에 스며들어야 한다. 하나님 나라 생활 방식이 우리 공동체를 바꾸어야 한다. 하지만 그 나라의 성격을 오해해서는 안 된다. 나무를 심거나 실업률이 낮아지거나 아름다운 작품을 만들거나 특정 정당이 당선되었다고 해서 하나님 나라가 오지 않는다. 이 모두는 다 중요하다. 이런 일들이 하나님 나라의 특정 가치관을 반영할 수는 있다. 하지만 그 나라는 왕이 알려지는 때와 장소에 임한다. 사람들이 예수님을 사랑하고 예배하고 믿을 때, 하나님 나라는 그 가운데 있다.

예수님이 말씀하신 **뜻**이 어떤 의미인지도 이해해야 한다. 하나님 나라를 현재와 미래, 이미와 아직으로 생각할 수 있듯이, 성경에 나오는 하나님의 뜻에도 두 측면이 있다. 우리는 이 둘을 하나님의 작정(decree)과 하나님의 바람(desire)이라는 동전의 양면으로 생각할 수 있다. 하나님이 작정하신 뜻은 만물에 미치는 그분의 주권적인 영향, 곧 영원한 과거에 정하신 것을 가리킨다. 이런 의미에서 세상에서 벌어지는 모든 일은 하나님의 뜻에 따른 것이고, 하나님의 뜻을 벗어나서는 아무 일도 벌어지지 않는다.

> 참새 두 마리가 한 앗사리온에 팔리지 않느냐 그러나 너희 아버지께서 허락하지 아니하시면 그 하나도 땅에 떨어지지 아니하리라 너희에게는 머리털까지 다 세신 바 되었나니(마 10:29-30)

> 모든 일을 그의 뜻의 결정대로 일하시는 이의 계획을 따라 우리가 예정을 입어 그 안에서 기업이 되었으니(엡 1:11)

따라서 성경에 따르면 하나님이 작정하신 뜻은 결코 좌절될 수 없다. 그 뜻은 영원한 과거에서부터 정해진 것이다.

하지만 우리는 성경에 나오는 하나님의 뜻을 그분의 바람, 곧 우리가 하나님을 따르는 동안 그분이 우리에게 명령하시고 원하시는 것으로 생각할 수도 있다.

나더러 주여 주여 하는 자마다 다 천국에 들어갈 것이 아니요 다만 하늘에 계신 내 아버지의 뜻대로 행하는 자라야 들어가리라 (마 7:21)

이 세상이나 세상에 있는 것들을 사랑하지 말라 누구든지 세상을 사랑하면 아버지의 사랑이 그 안에 있지 아니하니 이는 세상에 있는 모든 것이 육신의 정욕과 안목의 정욕과 이생의 자랑이니 다 아버지께로부터 온 것이 아니요 세상으로부터 온 것이라 이 세상도 그 정욕도 지나가되 오직 하나님의 뜻을 행하는 자는 영원히 거하느니라(요일 2:15-17)

이런 성경 본문들에서 보듯이, 하나님의 뜻은 그분의 명령에 순종하고 그분의 길로 행하는 것을 가리킨다. 하나님의 뜻을 행하려면 육신의 정욕과 안목의 정욕과 이생의 자랑을 거부해야 한다. 이런 의미에서 우리는 하나님의 뜻에 굴복할 수도, 굴복하지 않을 수도 있다. 이 본문들에서 하나님의 뜻은 그분이 만사를 정하신 방식을 가리키지 않고, 그분이 우리에게 명하신 삶의 방식을 가리킨다. 주기도에서 말하는 하나님의 뜻은 바로 이런 유형의 뜻이다. 땅과 하늘의 차이는 하나님이 하늘만 다스리시고 땅은 다스리시지 않는다는 것이 아니다. 하늘에서는 모든 명령이 흔쾌히 온전한 순종으로 성취되지만, 이 땅에서는 그렇지 않다는 것이 차이점이다.

그런데 우리가 하나님의 뜻을 알고 싶다고 할 때는 흔히 어떤 방향을 뜻하는 경우가 많다. 여기서는 이 내용을 자세히 다룰 수 없지만, 이것만큼은 짚고 넘어가자. 하나님이 **우리가 일찍이 발견하기 원하시는** 방향 같은 것은 없다. 그분은 우리의 모든 발걸음을 인도하시고 지시하신다. 일이 벌어지고 난 후에야 이해할 수 있는 초자연적인 인도로 우리를 놀라게 하기도 하신다. 하지만 신약 성경 어디에도 갈림길에서마다 하나님이 이렇게 저렇게 하라고 말씀하시는 신비로운 방향을 찾으라는 명령은 없다. 하나님께 중요한 것은 그분이 작정하신 뜻 가운데 우리가 안식하고, 그분이 바라시는 뜻에 우리가 순종하는 것이다. 우리는 하나님이 지혜와 유익한 조언으로 우리 삶을 인도하고 계신다고 믿는다. 우리의 다음 발걸음을 명확하게 보여 주시지 않을 때조차도 말이다.

종합하자면, 우리가 주기도에서 하나님의 뜻을 두고 기도할 때는 주로 하나님이 바라시는 뜻에 대해 말하는 것이다. "주님의 명령이 이루어지고, 주님이 창조 세계에 바라시는 뜻이 하늘에서 이루어진 것같이 땅에서도 이루어지기를 바랍니다."

우리가 간구하는 내용은 무엇인가?

둘째로, 이 두 가지 간구를 드릴 때 우리는 무엇을 기도하는 것인가? 나는 대학생 때 기도 일기를 썼다. 아이가 생기면 자기를 돌아볼 시간이 얼마나 부족해지는지 놀라울 따름이다. 1학년을 마친 후 나는 내 기도 시간을 어디에 쓰고 있는지 살펴보려고 그간의 기도 제목을 정리해 보았다. 세 가지 기도 제목이 빈번히 등장했다. ① 가족 중에 몸이 아픈 사람, ② 여학생들, 내가 좋아하는 여학생을 두고 항상 속으로 소설을 쓰곤 했다. ③ 달리기, 늘 달리기를 잘하고 싶었다. 이 세 가지가 내가 반복해서 기도하는 내용이었다. 이것들이 좋지 않은 기도 제목인가? 아니다. 누군가를 암살하거나 범죄를 저지르겠다고 기도한 것이 아니지 않은가. 내 염려를 다 주께 맡겼고, 그건 잘한 일이다. 하지만 내 기도가 꼭 예수님의 우선순위를 반영한 것은 아니었다. 내 기도는 하나님 나라에 초점을 맞춘, 하나님 중심의 큰 기도는 아니었다.

사소한 일들을 주님께 아뢰는 것을 부끄러워해서는 안 된다. 차 열쇠를 잃어버렸는가? 반려견이 낫기를 바라는가? 당신의 염려를 다 주께 맡기라. 하지만 이런 것들을 원하는 일에 하나님의 영까지 필요하지는 않다. 아픈 사람이 낫기를 바라는 일에 굳이 그리스도인이 될 필요까지는 없다. 직장이나 결혼, 자녀를 바라거나 인생이 잘 풀리기를 바라는 일에 그리스도인이 될 필요는 없다.

"하늘에 계신 우리 아버지여 이름이 거룩히 여김을 받으시오며 나라가 임하시오며 뜻이 하늘에서 이루어진 것 같이 땅에서도 이루어지이다"라고 기도할 때 우리는 하나님께 메시아 시대가 이 땅에 뚫고 들어오기를 간구하는 것이다. 우리는 그분의 명령에 지체 없이, 기쁘게, 신실하게 순종하기를 간구한다. 그리스도께서 인간의 마음을 다스려 주시기를 간구한다. 우리는 지금 여기서 하나님의 구속적 임재를 알고 느끼기를 간구한다. 하늘의 통치와 다스림을 이 땅에서도 경험하기를 간구한다. 하나님의 최종 승리가 우리 생각보다 빨리 임하기를 간구한다. 주기도는 하나님 백성이 "주 예수여, 오시옵소서. 속히 오시옵소서" 하고 외치는 것이다. 카슨(D. A. Carson)에 따르면, 이 간구는 "사람들이 그분께 복종하여 절하고 구원의 종말론적인 복을 이미 맛보면서, 하나님의 구원과 왕의 통치가 확장되기를 요청하고, 그 나라의 완성을 구하는 것이다."[2] 이것이 당신과 나의 기도 생활에서 가장 상위에 있는 제목인가?

마태복음 6장 마지막 부분에서 예수님은 먼저 그의 나라와 그의 의를 구하라고 말씀하신다(마 6:33). 하나님 나라가 당신의 유일한 관심사는 아닐 것이다. 스포츠 팀이나 음식, 영화나 연예계에도 관심이 있다. 이런 것들이 반드시 나쁘다고는 할 수 없지만, 이런 것들을 최우선순위에 놓는다면 나쁜 것이 될 수 있다. 우리는 하늘에 계신 우리 아버지의 자녀이자 하늘나라 시민이라는 정체성보다 다른 정체성을 앞세워서는 안 된다. 우리는 우리와 피부색이 같은 사람들의 발전을 먼저 구하지 않는다. 서양 문명의 발전을 먼저 구하지 않는다. 물론 나는 서양 문명에 감사하고 사람들이 그것에 대해 배우기를 바란다. 우리는 우리 정당이나 조국의 승리를 먼저 구하지 않는다. 먼저 하나님 나라를 구하고, 그 나라가 우리 개인의, 민족의, 땅의 나라들에 어떤 의미가 있든 그 나라가 오기를 기도한다. 언제나 순서를 제대로 정해야 하는데, 하나님 나라가 먼저다. 그 나라

---

[2] D. A. Carson, "Matthew," in *The Expositor's Bible Commentary: Matthew, Mark, Luke*, ed. Frank E. Gaebelein, vol. 8 (Grand Rapids, MI: Zondervan, 1984), 170.

가 우리의 궁극적인 정체성이자 관심사다.

세 번째이자 마지막 질문으로 넘어가기 전에 한 가지 중요한 점을 짚고 넘어가자. 신약 성경에서 우리는 하나님 백성이 그 나라를 위해 기도하고 그 나라를 선포하는 모습을 볼 수 있다. 하지만 그들이 하나님 나라를 **세운다**는 표현은 찾아볼 수 없다. 하나님 나라와 연관된 동사들을 주의해서 살펴보라. 하나님 나라는 오고, 임하고, 나타날 수 있다. 하지만 우리가 그 나라를 건설하거나, 확장하거나, 키울 수는 없다. 하나님 나라는 우리가 만드는 사회가 아니라, 우리가 받는 선물이다.

태양이 구름을 뚫고 들어오는 것과 비슷하다. 당신은 태양을 짓거나 만들 수 없다. 구름이 갈라지기를 기도할 수 있을 뿐이다. 사람들에게 태양의 빛과 온기를 선언할 수 있지만, 태양을 만들어 내거나 가져올 수는 없다. 그 나라는 **하나님의** 나라다. 우리는 그 나라를 받고, 찾고, 들어가고, 상속받을 수 있지만, 그 나라를 만들거나, 가져오거나, 다른 사람들에게 줄 수는 없다. 하나님만이 그 나라를 주실 수 있다(눅 12:32). 주기도에서 이 간구를 드릴 때 우리는 사회 개혁이나 변혁을 위한 청사진을 펼치는 것이 아니다. 물론 우리가 신실하게 살아가려 애쓰면 그런 일이 따라올 수는 있다. 우리는 회심시키시는 하나님

의 능력과 구속적 은혜라는 기적을 기도하는 것이다.[3]

그러면 우리는 어떻게 살아야 하는가?

세 번째이자 마지막으로, 이 간구의 관점에서 우리는 어떻게 살아가야 하는가? 순종하면서, 세상을 향하여, 기대하는 마음으로 살아가야 한다.

순종하면서

그리스도인의 기도는 궁극적으로 하나님을 우리 뜻대로 움직이는 방법이 아니라는 사실을 늘 기억해야 한다. 그런 기도는 이교도의 관습이거나 마술이다. 그리스도인의 기도는 그런 것과는 거리가 멀다. 전능한 존재를 우리 마음대로 부릴 수 있다면 얼마나 좋겠는가? 램프의 요정 지니를 마다할 사람이 어디 있을까? 하지만 하나님께 우리 뜻대로 움직여 달라고 기도하지는 말자. 그리스도인의 기도는 온 세상과 만물과 만민이 하나

---

[3] George E. Ladd, *A Theology of the New Testament*, rev. ed. (Grand Rapids, MI: Eerdmans, 1993), 101–102을 보라.

님의 뜻을 따르기를 간구하는 것이다. 그것이 성숙한 그리스도인의 믿음이고 온전한 그리스도인의 기도다.

하나님의 이름, 나라, 뜻을 구하는 처음 세 간구를 떠올려 보자. 우리는 하늘에 계신 우리 아버지께 이렇게 기도한다. "세상이 당신의 이름에 영광을 돌리고, 당신의 다스림에 복종하며, 당신의 법을 따르도록 역사하소서." 이는 큰 기도이고(우리가 드리는 대부분의 기도보다 훨씬 크다) 제대로 드린다면 얼마나 겸손한 기도인지 모른다. 제임스 패커는 다음과 같이 일깨운다. "'나라가 임하시오며'라고 기도하는 데는 희생이 요구된다. 이 기도에 우리가 '저와 함께 시작해 주십시오. 저를 충실히 순종하는 당신의 백성으로 만들어 주십시오'라고 덧붙일 준비가 되어 있어야 하기 때문이다."[4]

정말 그렇지 않은가? 이렇게 기도하기는 쉽다. "하나님, 그 나라가 임하고 뜻이 이루어지기를 바랍니다. 세상에는 나쁜 사람이 너무 많습니다. 그들을 변화시켜 주십시오." 하지만 우리가 그리스도인의 마음, 거듭난 마음을 품고 있다면, 이렇게 생각할 것이다. "오, 주님, 저부터 시작해 주십시오. 우리부터 시

---

4) J. I. Packer, *Praying the Lord's Prayer* (Wheaton, IL: Crossway, 2007), 53.

작해 주십시오. 우리 교회부터 시작해 주십시오. 우리의 불순종을 보여 주십시오." 그래서 우리는 기도하고 순종하는 모습을 보인다.

세상을 향하여

우리가 하나님 나라를 가져오거나 세울 수는 없지만, 선포할 수는 있다. "유대교에서 한꺼번에 온다고 믿었던 것은 두 부분으로 나뉘는데, 그 중간에 사명이 있다."[5] 예수님이 마가복음에서 가장 먼저 하신 말씀은 그분의 공생애 전체에서 가장 두드러진 메시지다. "요한이 잡힌 후 예수께서 갈릴리에 오셔서 하나님의 복음을 전파하여 이르시되 때가 찼고 하나님의 나라가 가까이 왔으니 회개하고 복음을 믿으라 하시더라"(막 1:14-15). 예수님의 사명은 죄인들을 구원하는 것이었고, 그 방법은 선포였다. 예수님은 마을에 들어가셔서 치유 클리닉이나 축귀 사역을 내세우지 않으셨다. 물론 그분은 병자를 고치시고 악령을 내쫓으셨지만, 말씀을 선포하려고 공생애 사역을 시작하셨다(막 1:38). 복음이 선포되는 곳에 하나님 나라가 임한다. 하나

---

[5] Darrell L. Bock, *Acts*, Baker Exegetical Commentary on the New Testament (Grand Rapids, MI: Baker Academic, 2007), 60. (『BECNT 사도행전』, 부흥과개혁사)

님 나라가 임하기 원한다면 복음 전파에 앞장서야 할 것이다.

사도행전 전체에서 그 점을 볼 수 있다. 사도행전에는 **하나님 나라**라는 단어가 일곱 번 나오는데, 모두 새롭게 복음이 전파됐을 때나 새롭게 복음을 선포했을 때와 관련이 있다(사도행전이 중인 됨과 하나님 나라로 시작하고 끝난다는 점은 중요하다. 행 1:6; 28:31). 군대나 선거가 아니라, 사도들과 그들을 따르는 이들이 전하는 말씀을 통해 일하시는 하나님의 영이 그분의 다스림과 통치를 전파한다.

어떤 사람들은 스스로가 자신이 드린 기도에 대한 답이 될 것이다. 혹은 다른 사람들의 기도에 대한 답이 될 수도 있다. "나라가 임하시오며"라고 기도할 때 우리는 하나님께 지구 구석구석 사람들을 보내셔서 "하나님의 나라를 전파하며 주 예수 그리스도에 관한 모든 것을 담대하게 거침없이 가르치"(행 28:31)게 해 달라고 간구한다. 그 나라는 전적으로 하나님의 나라요, 그분에게서 나온다. 추수도 그분 손에 달렸다. 하지만 하나님은 우리에게 뿌릴 씨앗을 주신다. 예루살렘에 있든 유대에 있든 우리는 신실하게 이 씨를 뿌리고 개인적으로 증거하며, 교회는 세상을 향해야 한다. 복음 전파를 생각하지 않고서 "나라가 임하시오며 뜻이 이루어지이다"라고 기도할 수는 없다.

기대하는 마음으로

우리는 소망 없는 사람들처럼 기도하지 않는다. 하나님은 구원할 능력이 있으시다. 기도에는 믿음이 필요하다. 죄와 슬픔이라는 현 상황에 맞서 기도를 내뱉자. 주님과 그분이 주신 약속을 신뢰하자. 심령이 가난한 자는 복이 있나니 천국이 그들의 것이다(마 5:3). 의를 위하여 박해를 받은 자는 복이 있나니 천국이 그들의 것이다(마 5:10). 하나님 나라가 당신 가운데, 당신 안에 있기를 원하는가? 그 나라는 심령이 가난한 자에게 임하고, 의를 위하여 박해를 받은 자에게 임한다. 처칠이 옳았다. 어떤 제국은 목숨을 바칠 만큼 가치가 있다. 대영 제국이나 미국이나 이 땅의 그 어떤 나라보다 영원히 더 의미 있는 제국, 나라가 있다.

주님은 심판하시는 하나님임을 믿으라. 이런 기대가 우리가 말씀을 전하고 기도하게 해야 한다(행 20:26-27). 또한 주님은 초대하시는 하나님임을 믿으라. 잔치와 피로연이 있을 것이다. 우주의 하나님이 초대장을 보내고 계신다. 그분의 은혜로, 어떤 사람들은 그 초대에 응할 것이다. 어떤 사람들은 초대장을 휴지통에 던져 버리고, 어떤 사람들은 "관심 없어"라고 말하고, 어떤 사람들은 화를 내고, 어떤 사람들은 "이게 무슨 말이야?"

하고 물을 것이다. 그런가 하면, 예닐곱 번 혹은 열 번, 스무 번 그 초대장을 읽고 나서 이렇게 말하는 사람도 있을 것이다. "있잖아요, 이 잔치에 가고 싶어요. 그 연회에 참석하고 싶다고요. 그 나라에 들어가고 싶습니다." 온 우주의 하나님이 여기저기를 돌아다니시며 사람들을 초대하신다. 우리 같은 하찮은 사람들까지 그분의 혼인 잔치에 초대하신다. 어떤 사람들은 그 초대에 기쁘게 응할 것이다. 그리고 우리가 보내고, 가고, 전하고, 기도했기에 그 연회장에 모일 사람들도 있을 것이다.

스터디 가이드

1. 주기도에서 하나님의 '나라'와 '뜻'은 무엇을 의미하는가?

2. "나라가 임하시오며 뜻이 이루어지이다"라고 간구할 때 우리는 무엇을 구하는 것인가? 이 간구의 관점에서 우리는 어떻게 살아가야 하는가?

3. 하나님 나라와 교회의 차이를 설명해 보자.

4. 이 장은 하나님 나라의 '이미'와 '아직'을 이해하는 데 어떻게 도움이 되는가?

5. 하나님의 뜻이 의미하는 세 가지, 곧 하나님의 작정, 바람, 방향이 어떻게 다른지 설명해 보자.

The Lord's Prayer

4.

일용할 양식

오늘 우리에게 일용할 양식을 주시옵고

마 6:11

내가 20년 전에 처음 사역했던 교회는 아이오와주 오렌지 시티에 있었다. 그 교회에서 부교역자로 섬기면서 설교, 교육, 심방, 결혼, 장례, 장로회, 교역자 회의 등 사역의 기본을 탄탄히 쌓았다. 목회를 배우기에 좋은 곳이었다. 주로 시골인 지역에 자리한 작은 마을의 큰 교회였다. 교인 중에는 의사, 변호사, 은행가도 있었지만, 내가 다닌(어쩌면 앞으로 다닐) 그 어떤 교회보다도 농부가 많았다.

대를 이어 농사를 짓는 그들은 주로 옥수수와 콩을 재배하면서 돼지 몇 마리를 기르고 대규모 낙농업체를 운영했다. 나도 친척 중에 농부가 있기는 했지만, 기본적으로는 근교에서 자랐다. 그래서 아이오와주 수 카운티로 이사 와서는 파종, 수확,

종자, 콤바인에 대해, 그리고 옥수수 한 말이면 얼마를 벌 수 있는지에 대해 배워야 했다.

다들 지붕 잇는 법이나 지하실 마감하는 법, 차량 오일을 교환하는 법 등 내가 모르는 것들을 잘 알고 있는 듯했다. 사람들은 어느 쪽이 동서남북인지 잘 알았다. 날씨에 대해 잘 알고 날씨 이야기를 좋아했다. 딱히 할 말이 없어서 날씨 이야기를 주고받는 정도가 아니다. 그해가 풍년일지 흉년일지는 날씨에 달려 있으니 날씨가 중요할 수밖에 없다. 아이오와주 북서 지방은 전 세계에서 가장 풍요로운 곡창 지대다. 최악의 날씨는 사우스다코타주나 네브래스카주를 먼저 강타하기 때문에 이 지역 농부들의 수확은 대체로 좋은 편이다.

그곳에서의 목회 경험 중 절대 잊을 수 없는 것이 한 가지 있는데, 바로 '수확과 농사를 위한 연례 기도회'다. 정확한 명칭이 그렇다. 해마다 파종을 시작할 무렵, 교회에서는 6개월 후에 있을 추수를 위해 기도회를 열었다. 내가 파악한 바로는 이 기도회는 역사가 길었다. 하지만 내가 그 교회에 있을 때는 기도회 참석률이 좋은 편은 아니었다. 사실 이후로는 기도회를 중단한다고 하더라도 나는 놀라지 않을 것이다. 내가 거기서 사역하는 동안에도 참석자 수가 점점 더 줄어드는 것이 확연했다. 참석하는 사람은 대부분 노인이었다. 마을에는 예전만큼 농사를 짓는 가구가 많지 않았다. 사람들은 이 기도회를 예전만큼 중요하게 여기지 않는 것 같았다.

수확과 농사를 위한 기도회를 하지 않는 누군가를 나무라기 위해 이 이야기를 꺼낸 것이 아니다. 그런 기도회를 해 본 교회는 거의 없을 것이다. 하지만 이 전통의 어떤 측면이 내게 큰 감동을 주었다. 인구 대부분이 농업에 종사하던 옛날을 떠올리게 해서만은 아니다. 5월에 비가 오지 않거나 6월에 우박이 내리거나 7월에 이상한 병충해가 생기거나 8월 혹은 9월에 뜻밖의 한파가 오면 많은 사람의 목숨과 생계가 위태로울 수 있었던, 덜 풍요로웠던 시기를 떠올리게 했기 때문이다. 이 작은 기도회는 실제로, 정말로, 부인할 수 없을 정도로 우리에게 하나님이 필요하다는 사실을 일깨워 주는 한 가지 방법이었다. 이것은 영양실조보다 과식이 더 큰 문제인 요즈음 우리가 잊기 쉬운 교훈이다.

하나님이 우리에게 확실히 가르치기 원하시는 것이 한 가지 있다면, 우리는 연약한 존재이고 인간의 삶은 부서지기 쉬우며 우리는 모든 것을 하나님께 의지하고 있다는 사실이다. 야고보서 4장에 나오는 다음 권면을 생각해 보자. "들으라 너희 중에 말하기를 오늘이나 내일이나 우리가 어떤 도시에 가서 거기서 일 년을 머물며 장사하여 이익을 보리라 하는 자들아 … 너희가 도리어 말하기를 주의 뜻이면 우리가 살기도 하고 이것이나 저것을 하리라 할 것이거늘"(약 4:13, 15). 우리는 자급자족이라는 신화를 믿을지 모르지만, 주기도는 정반대로 가르친다. 이토록 풍요로운 땅에서조차 우리는 날마다 우리의 일용할 양식을 간구해야 한다.

주기도는 여섯 가지 간구로 되어 있다. 처음 세 가지는 **하나님의 영광**, 곧 그분의 이름과 나라와 뜻에 초점이 있다. 나머지 세 가지는 **우리의 유익**에 초점이 있는데, 그중 첫 번째가 일용할 양식의 공급이다. 이 간구의 내용을 한 단어씩 차례로 살펴보자.[1]

주시옵고

이 간구의 첫 단어인 "주시옵고"는 마치 우리가 하나님께 이

---

[1] 이 책의 원서가 영문이므로, 이어지는 내용은 영어 어순을 따른다.—옮긴이 주

래라저래라 지시하는 것처럼 대단히 공격적으로 들릴 수 있다. 하지만 우리가 아버지 앞에 나아가 필요한 것을 간구하고 있다는 점을 잊지 말자. 나는 완벽한 아버지는 아니지만, 아이들이 정말로 필요한 것을 달라고 할 때는 절대 귀찮아하지 않는다. 그리고 이것이 주기도의 첫 번째 간구가 아님을 기억하는 것도 중요하다. 예수님은 제자들에게 첫머리부터 "주세요"라고 기도하라고 가르치지 않으셨다. 그래서 순서가 중요하다. 로봇처럼 무조건 이 순서를 따라야 한다는 뜻이 아니라, 적어도 마음속에서나마 이 순서를 제대로 지키면 기도가 크리스마스 선물 목록으로 전락하는 것을 막을 수 있다는 말이다. 자신을 위해 간구하기 전에 먼저 하나님의 이름과 나라와 뜻에 관심을 두어야 한다.

겸손한 마음에서 우러난 기도라면, **주시옵고**라는 단어는 하나님이 받으실 만한 것을 넘어서서 그분을 기쁘시게 한다. 우리가 기도할 때 하나님은 요구 사항에 기뻐하시는 것이 아니다. 그분을 의지함으로써 우리는 그분께 영광을 돌리게 된다. 내 아들이 "제가 열여섯 살이 되면 차를 사 주세요"라고 말한다면 이는 나를 하찮게 여기는 요구 사항이다. 하지만 "아빠의 도움이 필요해요. 아빠는 차를 운전할 줄 아시고 저는 모르니까요"라고 말한다면, 나를 존중하고 의지한다는 표현이다. 당신의 모든 염려를 주님께 맡기는 것을 두려워하거나 쑥스러워할 필요가 없다. 그가 당신을 돌보시기 때문이다(벧전 5:7). 더군다나 주 예수님은 우리에게 구하고 찾고 문을 두드리라고 반복해서 명령하신다(마 7:7-11). "주시옵고"라는 기도는 주시는 분을 존중하는 한 가지 방법이다.

우리에게

다음 단어는 "우리에게"다. 이 간구는 무작정 달라는 기도가 아닌데, 왜냐하면 "내게 주시옵고"가 아니라 "우리에게 주시옵고"이기 때문이다. 주기도 전체에서 볼 수 있듯, 우리가 다른 사람들과 함께 기도할 것이 전제된다. 우리에게 필요한 것을 우리 아버지께 함께 간구한다.

개인적으로 주기도를 할 때도 "우리에게"라고 기도하는 것은 여전히 중요하다. 당신의 양식은 풍성할지 몰라도 모든 사람의 찬장에 음식이 가득하지는 않기 때문이다. 모든 사람이 다 예금 잔고가 넉넉하지는 않다. 모든 사람에게 집 한 채(혹은 두 채)와 차

두 대(혹은 서너 대)가 있지는 않다. 미국 인구의 10퍼센트 이상이 빈곤선 이하로 살며, 세계 인구의 10퍼센트는 하루에 2달러 미만으로 살아간다.

물론 앞으로 살펴보겠지만, 여기서 "양식"이 먹는 음식만 뜻하지는 않는다. 우리는 하나님 백성의 몸과 영혼이 모두 건강하기를 기도한다. 또한 단순히 그들의 건강을 위해서만이 아니라 처음 세 간구를 위해서 그들이 건강하기를 기도한다. "오, 주님, 우리에게 필요한 영양분과 생명을 허락하셔서 우리가 하나님의 이름을 존중하고, 하나님 나라를 위해 살고, 하나님 뜻에 순종하게 해 주십시오."

오늘 … 일용할

이 간구의 모든 단어가 다 중요하지만, "오늘"과 뒤에 오는 "일용할"이야말로 우리에게 가장 중요한 단어가 아닌가 싶다. 예수님은 믿음과 의존이라는 매우 중요한 교훈을 가르치고 계신다. 우리는 이렇게 기도하고 싶어 한다. "아버지, 지금 이 순간, 그리고 남은 생의 모든 순간에 우리에게 필요한 모든 것을 주세요." 쾅쾅쾅. 끝. 하늘까지 줄지어 있는 평생의 양식을 얻는 것이다.

몇 년 전, 학교 모금 행사에서 행운권 추첨에 응모했는데 그날 밤 1년 치 라면에 당첨되었다는 연락을 받았다. 그 소식을 듣고 우리 가족은 라면에 파묻혀 헤엄치는 모습을 떠올렸다. 라면을 가득 실은 덤프트럭이 우리 집 주차장으로 후진하는 모습을 상상했다. 하지만 실제로는 한 달에 한 번 사용할 수 있는 쿠폰을 12개 받았다. 내 생각과는 좀 달랐다. 우리가 원한 것은 1년 365일 날마다 라면을 먹는 것이지 쿠폰북이 아니었다.

우리는 하나님께 우리에게 필요한 모든 것을 지금 당장 달라고 기도하며 그 모든 것이 지금 눈앞에서 이루어지기를 원한다. 하지만 예수님은 우리가 **오늘** 우리에게 필요한 것을 기도하길 원하신다. 평생 먹을 양식이 아니라 **일용할** 양식을 간구하길 원하신다.[2]

이스라엘 백성은 이집트에서 약속의 땅으로 가는 길에 이와

---

2) 그리스어 단어 '에피우시오스'(*epiousios*)는 성경에서 여기 마태복음 6장 11절과 또 다른 주기도 본문인 누가복음 11장 3절에만 나온다. 이 단어는 많은 번역 이론의 대상이 되었는데, 그중 일부는 꽤나 기발하다. 어떤 사람들은 이 단어의 어원이 "내일의"(ESV 난외주를 보라)라는 번역을 제안한다고 생각한다. '에피우시오스'의 기본 뜻은 "앞으로"를 암시한다. 아침이라면 그날 하루, 저녁이라면 다음 날을 의미하는 것이다. 어느 쪽이든 "일용할"은 적절한 번역이고, 거의 모든 영어 번역본의 지지를 받는다.

똑같은 교훈을 배워야 했다(출 16장). 그들은 만나를 한 주 동안 먹을 만큼 거두고 싶어 했지만, 하나님은 하루 먹을 만큼만(안식일 전날에는 이틀 치를) 주셨다.

물론 이 말씀은 저축하지 말아야 한다거나 반드시 하루 벌어 하루 먹고 살아야 한다는 뜻이 아니다. 신구약 성경 모두에 물질적인 풍요는 하나님이 은혜를 베푸신 표시라는 암시가 나오고, 투자와 저축은 현명한 행위다. 예수님은 제자들에게 날마다 빈곤한 삶으로 돌아가라고 재촉하시는 것이 아니다. 오히려 그분은 우리에게 영혼이 가난해야 한다고 명령하고 계신다. "하늘에 계신 아버지, 앞으로 6개월 동안 제게 필요한 것을 공급해 달라고 간구하는 것이 아닙니다. 지금 당장 제게 필요한 것을 주시기 원합니다. 제게 필요한 것을 넉넉히 허락하셔서 주님이 **오늘** 제게 살라고 하신 삶을 살아갈 수 있기를 기도합니다."

주기도는 출애굽기 16장뿐 아니라 잠언 30장과도 연결해 볼 수 있다. 잠언 30장의 현명한 사람은 주님께 간구하기를, 가난하게도 말고 부하게도 말고 "오직 필요한 양식으로" 먹여 달라고 한다(잠 30:8). 이렇게 간구하는 까닭은 우리가 넉넉해서 주님을 잊어버리거나 가난해서 도둑질하여 하나님의 이름에 먹칠을 해서는 안 되기 때문이다(잠 30:9). 다시 말해, "아버지, 우리가 주님의 이름을 거룩하게 하도록 오늘 우리에게 필요한 것을 주십시오."

앞에서 하나님은 우리의 믿음이 성장하기를 원하신다고 말한 바 있다. 그래서 그분은 앞으로 다가올 수많은 날이 아니라 바로 오늘의 필요를 위해 기도하라고 말씀하신다. 하지만 하나님이 우리에게 보여 주기 원하시는 것이 또 있다. 우리는 생각보다 훨씬 더 연약하고, 그분은 생각보다 훨씬 더 자비로우시다는 것이다. 냉장고에 음식이 가득 차 있고 퇴직금 계좌도 넉넉하더라도, 우리는 날마다 하나님 앞에 나아와 일용할 양식을 구해야 한다. 아무 생각 없이 형식적으로 구하라는 말이 아니다. 이것은 '평범한' 일상이 언제든 날아가 버릴 수 있다는 고백이다. 직장과 건강, 관계와 금융 자산, 국가의 안정성과 세계 평화는 순식간에 뒤집힐 수 있다.

몇 해 전, 우리가 미시간주로 이사한 지 얼마 되지 않아 집에 화재가 발생했다. 최악의 피해는 면했지만, 우리 가족은 몇 달간 집에 들어갈 수 없었고 집을 청소하고 고치기 위해 얼마나 오래 전화통을 붙잡고 있었는지 모른다. 보험 회사와 공방하느라 많은 시간을 들였다. 불편하기 이를 데 없었다. 이렇게 우리 삶은 언제든 통제 불능 상태가 될 수 있다. 오늘 우리가 확신할 수 있는 것은 오늘도 어제와 같으리라는 점이 아니다. 오늘 우리가 확신할 수 있는 것은 하나님은 어제나 오늘이나 영원토록 동일하시다는 것이다(히 13:8). 이것이 우리의 진정한 담보다.

우리 삶은 생각보다 훨씬 더 부서지기 쉽지만, 좋은 소식이 있다. 하나님이 우리 생각보다 훨씬 더 자비로우시다는 것이다. 생각해 보자. 당신은 하나님이 여물통에 1년 치 음식을 던져 주시길 바라는가, 아니면 매일 아침 음식을 준비해 주시길 바라는가? 하나님이 우리를 돌보시는 방식은 우리가 우리 집 기니피그를 보살피는 방식과 다르다. 기니피그는 며칠 집을 비우게 되면 사나흘 치 먹이를 부어 주기만 하면 되었다. "옛다, 털복숭이. 사료 엄청 많이 줬으니까 한 번에 다 먹으면 안 돼. 월요일에 보자." 당신이 하늘 아버지께 바라는 게 고작 이것뿐인가? 그분은 자주 볼 필요 없이 한꺼번에 잔뜩 던져 준 음식만 실컷 먹는 것 말이다. 우리에게 정말 필요한 것은 그런 것이 아니다. 그리고 다행스럽게도 하나님은 우리를 그렇게 대하지 않으신다. 그분은 우리가 날마다 그분 앞에 나아오기를 바라신다. 그래서 날마다 우리를 만나고, 우리에게 일용할 양식을 주기를 원하신다.

마태복음 6장 후반부에서 예수님은 염려에 대해 말씀하시는데, 염려와 이 기도는 밀접하게 관련되어 있다. "오늘 우리에게 일용할 양식을 주시옵고"라는 기도와 마태복음 6장 마지막에 나오는 염려에 대한 예수님의 말씀 사이에는 깊은 연관성이 있다. 솔직히 말해서, 사람은 누구나 때때로 염려에 취약해진다.

예정보다 10분 늦게 일어난 아침, 눈을 뜨자마자 염려가 스멀스멀 올라오기 시작한다. 지각하면 어쩌지? 차는 안 막힐까? 날씨는 어떻지? 거울 앞을 지나치면서 예전보다 늘어난 얼굴 주름에 신경이 쓰인다. 아래층으로 바삐 내려간다. 시간이 없으니 아이들이 원하는 걸 그냥 먹인다. 먹는 걸 보다 보니 설탕이 암을 일으키지는 않을지 걱정이 된다. 시리얼이 꼭 균형 잡힌 식단이라고는 할 수 없을 테니까. 너무너무 맛있기는 하지만, 너무너무 영양가가 있을 것 같지는 않다. 아이들을 준비시키다 보니 아들 녀석이 또 숙제를 안 한 것을 알게 되었다. 아이가 정신을 똑바로 차릴 수는 있을지, 대학에 들어갈 수는 있을지 걱정스럽다.

아이들을 학교에 데려다주면서 아이들이 나쁜 친구와 어울리지는 않을지, 놀다가 정글짐에서 떨어지지는 않을지 염려스럽다. 집에 돌아와서는 한숨 돌릴 겸 페이스북을 열어 본다. 페이스북을 보니 다른 집 아이들은 하나같이 공부도 잘하고, 친구가 만든 컵케이크는 하나같이 예쁘기만 하다. 나만 실패한 엄마인 것 같아 걱정스럽다.

조금 쉬었다가 산책을 가려는데 또 무릎이 아프다. 인공 관절 수술을 해야 하는 건 아닌지 걱정이 된다. 수술한다면 보험 처리가 될지, 자부담은 얼마나 될지, 한 달 동안 누워 있으면 아이들은 누가 돌볼지 걱정스럽다. 그러다가 어쩌면 무릎 통증의 원인이 더 심각한 것일지도 모른다는 생각이 든다. 그래서 온갖 병원 홈페이지는 다 들어가 보고 백일해나 아프리카 수면병 같은 희귀 질환일지도 모른다고 생각한다.

몇 시간 후, 아이들은 다 잠자리에 들고 당신은 분주했던 하루를 잊고자 텔레비전을 켠다. 채널을 돌리다가 뉴스에 화면을 고정했는데, 경제와 취소 문화(Cancel Culture)[3]와 도덕성 저하가 걱정되기 시작한다. 총기 사건과 시위 장면을 보면서 이 나라의 인종 갈등을 염려하고, 당신과는 관점이 다른 친구에게 어떻게 이야기를 꺼내야 할지 염려한다. 경찰관이 당신을 어떻게 대할지 걱정이다. 사람들이 경찰관인 당신 아들을 어떻게 대할

---

[3] 소셜미디어상에서 자신과 생각이 다른 사람을 '팔로우' 취소하는 문화. 공인이나 저명인사가 논란이 될 만한 언행을 했을 때 팔로우를 취소하면서 비판하는 행동이 대표적이다.—옮긴이 주

지도 걱정이다. 그래서 텔레비전을 끄고 남편과 이야기를 나눠 본다. 남편의 기침이 좀처럼 차도를 보이지 않아 걱정스럽다. 남편이 말하길 직장에서 정리 해고가 진행 중이란다.

하루를 마치고 침대에 누우니 어마어마한 염려가 몰려오는데, 도대체 그 이유를 모르겠다. 도무지 알 수 없는 이유로 당신은 당신의 삶과 아이들, 부모님, 당신이 다니는 교회, 당신의 건강, 비행, 운전, 수면, 식사, 내일도 쉽지 않은 날이 되리라는 막연한 두려움에 사로잡혀 걱정하기 시작한다. 잠을 이루지 못한다.

많은 사람이 그렇다. 하지만 예수님은 그럴 필요가 없다고 말씀하신다. 염려하지 말라고 세 번이나 말씀하신다(마 6:25, 31, 34). 그러고 나서 우리가 염려하지 말아야 하는 온갖 이유를 말씀해 주신다.

① 목숨은 너무 중요하다. (마 6:25)
② 당신은 너무 중요하다. (마 6:26)
③ 걱정해 봤자 아무 소용이 없다. (마 6:27)
④ 하나님이 당신을 돌보신다. (마 6:28-30)
⑤ 이방인들이나 염려한다. (마 6:30-32)

⑥ 하나님 나라가 더 중요하다. (마 6:33)
⑦ 내일 일은 내일이 염려할 것이다. (마 6:34)

이 일곱 가지 이유를 다 살피려면 또 다른 장이 필요할 테지만, 여기서는 예수님이 염려하지 말라고 하신 마지막 이유만 생각해 보자. "내일 일을 위하여 염려하지 말라 내일 일은 내일이 염려할 것이요"(마 6:34). 이 말씀은 **"오늘** 우리에게 일용할 양식을 주시옵고"를 다르게 표현한 것이다.

오늘의 은혜는 오늘의 시험을 위한 것이다. 내일의 시험이 닥칠 때 하나님은 새로운 은혜로 거기서 우리를 기다리고 계실 것이다. 한 날의 괴로움은 그날로 족하다. 내년 양식을 오늘 기대하지 말자. 염려란 미래가 오기 전에 미래를 사는 것이다. 당신은 다른 사람들을 보고 이렇게 말할 수 있다. "저는 당신이 지금껏 겪은 일을 절대 견디지 못했을 겁니다." 믿음 때문에 순교하거나 직장을 잃거나 건강을 잃거나 가족과 사별하거나 혼자가 된 사람들을 보고 이렇게 생각할 수 있다. '나라면 절대 그렇게 못 했을 거야.' 당연히 오늘 당신은 그렇게 할 수 없다. 내일을 위한 하나님의 은혜가 당신에게 없기 때문이다. 믿음은 미래가 올 때 우리 아버지가 우리에게 필요한 것을 주시려고 거기 계실 것을 신뢰하는 것이다. 그래서 예수님은 우리에게 내일 일을 염려하지 말라고 말씀하고 계신다. 다음 주 화요일의 고통을 미리 살지 말라. 다음 주 화요일에 당신을 기다리고 있을 은혜가 아직 당신에게는 없기 때문이다.

여호와의 인자와 긍휼이 무궁하시므로
우리가 진멸되지 아니함이니이다
이것들이 아침마다 새로우니
주의 성실하심이 크시도소이다
내 심령에 이르기를 여호와는 나의 기업이시니
그러므로 내가 그를 바라리라 하도다(애 3:22-24)

오늘 우리에게 영원한 양식이 아니라 일용할 양식을 주시옵고.

우리의[4]

주기도를 수천 번 넘게 드리면서도 이 단어는 크게 생각해 본 적이 없었다. "오늘 우리에게 [우리의] 일용할 양식을 주시옵

---

[4] 한글 성경에는 생략되어 있다.—옮긴이 주

고"(마 6:11). 오래된 여러 주석은 이 단어가 소유격이라고 분명히 지적한다. 우리는 하나님께 아무 양식이나 달라고 하지 않고, 우리 것인 양식을 달라고 기도한다.

언뜻 봐서는 앞뒤가 맞지 않은 요구인 것 같다. 하나님은 우리에게 아무것도 빚지지 않으신다. 그런데 어떻게 **우리의** 양식을 달라고 할 수 있는가? 그 양식을 우리 것으로 주장할 권리가 우리에게 있는 이유가 무엇인가? 네덜란드 신학자 헤르만 비치위스(Herman Witsius, 1636-1708)는 여기서 "우리의"라는 표현은 근면과 정의를 가르친다고 주장했다.[5] 양식을 달라고 기도한다고 해서 그 양식을 얻기 위해 노동할 책임이 사라지지는 않기 때문에 근면을 가르쳐 준다는 것이다. 세속적인 의미에서는 하나님이 우리에게 주시려는 것을 우리가 힘써 얻어야 하기 때문이다.

또한 **우리의**라는 표현은 남의 것을 취하려고 기대하지 않는다는 의미이기 때문에 정의를 가르쳐 준다. 다시 말해, 우리는 태만하거나 도둑질해서 먹을 것을 얻으려 하지 않는다. 우리는

---

[5] Herman Witsius, *Sacred Dissertations on the Lord's Prayer* (Grand Rapids, MI: Reformation Heritage, 2010), 298, 300. 비치위스는 "[우리의] 양식"이라는 표현이 근면과 정의 외에도 "하나님의 은혜에 의존해야 할 의무"(301)를 가르쳐 준다고 강조한다. 하지만 이 개념은 앞서 언급했기에 "우리의"를 설명하는 부분에서는 생략했다.

자신이 받은 기회와 우리의 성실함을 고려하여 우리에게 필요하고 우리가 기대할 수 있는 것만 하나님께 구한다.

양식

교회에서 "양식"을 문자적으로나 영적으로 해석하는 전통은 역사가 길다. 교부 아우구스티누스는 일용할 양식이 다음 세 가지 뜻을 가리킬 수 있다고 주장하여 초기 교회 전통을 잘 요약했다. ① 생명 유지에 필요한 모든 것, ② 그리스도의 몸의 성체, ③ 영의 양식.[6]

첫 번째이자 가장 분명한 뜻은 몸의 양식임이 확실하다. 마가복음 3장 20절은 "집에 들어가시니 무리가 다시 모이므로 식사할 겨를도 없는지라"라고 말한다. 직역하면 '양식을 먹을 겨를도 없었다'는 뜻이다. 마찬가지로 데살로니가후서 3장 12절은 "이런 자들에게 우리가 명하고 주 예수 그리스도 안에서 권

---

[6] "일용할 양식"은 예수님이 "내일 일을 위하여 염려하지 말라"라고 가르치신 내용과 관련하여 이생의 필요를 채워 주는 모든 것을 가리키기 때문에 "오늘날 … 우리에게 주시옵고"가 추가된다. 혹은 우리가 날마다 받는 그리스도의 몸인 성례를 의미한다. 혹은 동일하신 주님이 "썩을 양식을 위하여 일하지 말고"와 "나는 하늘에서 내려온 살아 있는 떡이니"라고 말씀하신 영적인 양식을 뜻한다. 다음을 보라. Augustine of Hippo, "Our Lord's Sermon on the Mount," in *Saint Augustin: Sermon on the Mount, Harmony of the Gospels, Homilies on the Gospels*, ed. Philip Schaff, trans. William Findlay and David Schley Schaff, vol. 6, A Select Library of the Nicene and Post-Nicene Fathers of the Christian Church, First Series (New York: Christian Literature Company, 1888), 41.

하기를 조용히 일하여 자기 양식을 먹으라 하노라"라고 말한다. 여기서도 우리가 수고해서 얻었다는 의미인 **우리의** 양식이라는 개념을 볼 수 있다. 양식은 모든 종류의 음식을 포함하며, 우리가 사는 데 필요한 무엇이든 뜻할 수 있다.

예수님이 제자들에게 국가와 세계와 전 지구의 구체적인 문제를 위해 기도하라고 말씀하시지 않았다는 점에 주목하자. 물론 이런 것들을 위해 기도하는 것은 좋다. 하지만 예수님이 우리에게 조금 더 평범하고 개인적인 요구 사항을 말씀하신다는 데 주목할 필요가 있다. 이런 요구 사항에 당황하지 않아도 된다. 우리에게는 먹을 것이 필요하다. 물이 필요하다. 입을 것과 쉴 곳이 필요하다. 하나님은 몸과 영혼을 다 보살피신다.

신체를 유지하고 즐겁게 하는 일에 대한 관심이 기독교적이지 않다고 생각해서는 안 된다. 물론 예수님은 우리에게 일용할 케이크를 구하라고 하지는 않으신다. 예수님은 특권 의식이나 사치를 권하지 않으신다. 반대로 몸의 욕구나 영양을 간과하지도 않으신다. 성경은 금욕주의를 삶의 방식으로 권장하지 않는다. 하나님은 결혼을 창조하시고, 음식을 창조하셨다. 이런 선물들을 즐기지 못하게 금한 것은 하나님이 아니라 마귀다(딤전 4:3).

이렇게 양식은 무엇보다도 진짜 음식(과 생활필수품)을 뜻한다. 하지만 예수님은 영의 양식도 염두에 두고 계신다. '사람이 떡으로만 살 것이 아니라 하나님의 입으로부터 나오는 모든 말씀으로 산다'는 표현은 성경에 반복해서 등장한다(신 8:3; 마 4:4). 일용할 양식을 구하는 것은 생명과 신앙 유지에 필요한 **모든 것**을 그분께 구한다는 의미다. 예수님은 우리가 몸의 양식 없이 살 수 없고, 성경이 없어도 오래 살 수 없다는 것을 가르치려 하셨다. "우리에게 이 땅의 양식뿐 아니라, 하나님의 입에서 나오는 양식도 주십시오."

예수님은 사역하시면서 더 좋은 양식이 있다고, 오늘만이 아니라 영원토록 우리를 먹이시는 하늘 양식을 구해야 한다고 강조하신다. 무엇보다도 예수님은 **자신이** 생명의 떡이라고 분명히 말씀하신다(요 6:35). 하늘에서 내려온 떡이신(요 6:41) 그분을 먹는 자는 영원히 살 것이다(요 6:54). 주기도로 날마다 이 간구를 드릴 때 우리 마음은 "예수님을 주세요"(Give Me Jesus)[7]라는 위대하고 단순한 노래를 올려 드려야 한다.

---

[7] "Give Me Jesus," 흑인영가, 연도 미상.

마지막 세 가지

단순하고 익숙한 주기도의 간구들에 배우고 생각할 내용이 이렇게 많다는 사실이 놀랍지 않은가? "우리에게 양식을 주옵시고"는 아주 간단하게 들리지만, 하나님이 우리 배보다 마음을 더 채우길 원하신다는 사실을 깨달으면 심오한 메시지가 드러난다. 마지막으로, 예수님이 우리 마음 중심에 전하기 원하시는 세 가지 메시지를 이야기해 보려 한다. 주기도의 네 번째 간구는 우리에게 만족하는 마음, 감사하는 마음, 의지하는 마음을 가르쳐 준다.

만족하는 마음

리처드 코킨(Richard Coekin)은 자신이 쓴 주기도에 대한 책에서 어느 그리스도인 사업가 이야기를 들려준다. 코킨이 아는 이 한 인심 좋은 부자 사업가는 엔론(Enron) 스캔들[8]에서 큰돈을 잃었다. 그는 자기가 한 일과 자기 잘못이 아닌데도 잃어버린 모든 것을 돌아보면서 이렇게 말했다. "저는 제게 재물을 주

---

8) 2001년 말에 드러난 미 에너지 대기업 엔론사의 회계 부정 사건. 엔론사는 자사의 막대한 부채와 부실 경영을 분식 회계 등 회계 부정으로 은폐해 왔다.—옮긴이 주

신 분이 하나님이라고 반복해서 인정했습니다. 그러면서 하나님이 제게 소유가 없는 편이 영적으로 더 좋다고 생각하시는 때가 오면, 언제든 그것을 거두어 달라고 말씀드렸습니다. 그래서 주님이 그렇게 하셨다고 믿고, 저는 거기에 만족합니다."[9] 일용할 양식을 간구하는 것은 자족하는 마음이 있으면 경건이 큰 이익이라는 말씀을 일깨워 준다(딤전 6:6).

감사하는 마음

야고보서 1장 17절은 "온갖 좋은 은사와 온전한 선물이 다 위로부터 빛들의 아버지께로부터 내려오나니 그는 변함도 없으시고 회전하는 그림자도 없으시니라"라고 말한다. 좋은 선물 중 일부가 아니라 **모든 것**이 그렇다. 당신에게 자녀가 있는가? 배우자? 친구? 직장? 좋은 교회? 새 스웨터? 좋아하는 아이스크림? 좋아하는 노래? 좋아하는 책? 신발, 양말, 속옷이 있는가? 침대가 있는가? 웃을 수 있는가? 은행에 돈이 있는가? 성경이 있는가? 온갖 좋은 은사와 선물이 빛들의 아버지로부터 내려온다. 하나님께 감사하자. 그리스도인이라면 하나님이 과거에

---

[9] Richard Coekin, *Our Father: Enjoying God in Prayer* (Nottingham, UK: Inter-Varsity Press, 2009), 114.

당신을 돌보아 주셨고, 지금 당신의 필요를 아시며, 앞으로 당신을 위해 풍성한 연회를 준비하셨다고 확신할 수 있다. "주 안에서 항상 기뻐하라 내가 다시 말하노니 기뻐하라"(빌 4:4).

의지하는 마음

대부분의 그리스도인은 일용할 양식을 주신 하나님께 감사한다. 식탁 앞에서 기도하고 주신 음식에 감사한다. 그건 잘하는 일이다. 하지만 음식을 달라고 얼마나 자주 하나님께 요청하는가? 대부분은 그러지 않는데, 먹을 것은 당연히 있다고 여기기 때문이다. 우리는 그날 먹을 양식 정도가 아니라 찬장과 가게에 가득 찬 음식을 기대한다. 어떤 의미에서 이것은 엄청난 축복이지만, 심각한 위험이기도 하다. 역사상 그 어떤 시대보다 우리는 하나님을 잊어버릴 유혹을 크게 받고 있다. 일용할 양식을 구하는 기도는 우리가 하나님께 의존하는 존재라는 사실을 일깨워 준다.

일용할이라는 단어는 우리가 매일 이 기도를 드려야 한다는 것을 암시한다. "사랑의 아버지, 오늘 주님의 도우심이 필요합니다. 오늘 주님의 축복이 필요합니다. 오늘 주님의 공급하심이 필요합니다." 당신의 요청을 들고 하나님께 나아오라. 그분의 선하심을 믿고 그분의 능력을 의지함으로 그분을 존중하라. 오천 명을 먹이신 예수님은 그저 자신의 신성을 증명하기 위해 기적을 행하신 것이 아니다. 그분은 그들의 모든 필요를 돌보는 것보다 더 큰 능력이 자신에게 있다는 소중한 교훈을 가르쳐 주고 계셨다.

당신의 소원을 만족스럽게 이루어 주시는 주님을 바라보라(시 145:15-16, 새번역 성경). 매일 아침 그분의 복을 구하라. "여호와께서 집을 세우지 아니하시면 세우는 자의 수고가 헛되며 여호와께서 성을 지키지 아니하시면 파수꾼의 깨어 있음이 헛되도다"(시 127:1). 나는 다음 하이델베르크 요리문답의 내용이 마음에 든다. "주님의 복 주심이 없이는 우리의 염려나 노력, 심지어 주님의 선물들조차도 우리에게 아무 유익이 되지 못함을 알게 하옵소서"(125문). 오직 주님 안에서만 우리 수고가 헛되지 않다(고전 15:58).

우리가 하나님께 폐를 끼치지 않고 스스로 무슨 일을 하려고 애쓴다고 해서 하나님께 영광을 돌리는 것이 아니다. 이렇게 생각하지 말라. "하나님은 아주 바쁘시잖아요. 할 일이 많으시니까요. 처리해야 할 더 중요할 일이 세상에 많으실 거예요." 하나님이 위대하신 까닭은 그분이 하나님이라는 점이다. 진정한 멀티태스킹이 가능하신 분은 하나님뿐이다.

하나님은 우리의 모든 간구를 받으실 수 있다. 혼자 힘으로 해결하려 애쓰면서 "진짜 안 좋은 일이 생기면 한 10년 후쯤 뵈어요"라고 말한다면, 하나님을 존중하는 것이 아니다. 날마다 일용할 양식을 구하러 그분께 나아오는 것, 그것이 하나님께 영광을 돌리는 길이다.

기쁠 때나 아플 때나
매시간 주님이 필요합니다
속히 오셔서 함께 계시지 않으면
내 생명 헛되네
주님이 필요합니다 주님이 필요해요
매시간 주님이 필요합니다
주께 왔으니
구세주여, 지금 복 주시옵소서[10]

---

10) Annie S. Hawks, "I Need Thee Every Hour," 1872. ("주 음성 외에는", 새찬송가 446장)

스터디 가이드

1. "오늘 우리에게 일용할 양식을 주시옵고"의 단어 하나하나에 초점을 맞추어 살피는 것은 이 기도에 대해 무엇을 가르쳐 주는가?

2. 우리가 필요한 무언가를 달라고 간구하기 전에, 하나님의 이름과 나라와 뜻에 먼저 관심을 갖는 것은 왜 중요한가?

3. 이 간구는 우리에게 하나님의 인자하심을 어떻게 보여 주는가?

4. 저자가 나열한 '염려하지 말아야 하는 이유'(100–101쪽) 중에 당신이 배워야 할 본문은 몇 절인가?

5. '양식'에는 어떤 의미가 포함되는가?

The Lord's Prayer

5.

우리의 빚

우리가 우리에게 죄 지은 자를 사하여 준 것 같이
우리 죄를 사하여 주시옵고
마 6:12

몇 년 전, 어떤 목사님이 행복한 결혼 생활의 비결을 한 단어로 제시할 수 있다고 이야기한 것이 기억난다. 그분이 말한 단어는 돈이나 섹스, 대화도 심지어 사랑도 아니었다. 바로 **용서**였다.

용서는 결혼 생활뿐 아니라 죄인들이 맺는 모든 관계의 핵심 요소라 할 수 있다. 친구를 잃지 않고 싶다면, 1년에 적어도 한 번은 친척들 얼굴을 봐야 한다면, 같은 직장에서 같은 사람들과 일정 기간 일할 계획이라면, 교회에서 잘 지내고 싶다면(혹은 그저 교회를 단념하지 않기 위해서라도) 용서를 배워야 한다. 우리는 용서를 베풀기도 하고 받기도 해야 한다.

우리가 맺는 수평 관계에 해당하는 사실은 수직 관계에도 해

당한다. 물론 하나님은 죄인이 아니시니 용서가 필요 없으시다. 하지만 우리가 하늘에 계신 아버지와 건강한 관계를 맺고자 한다면 자신의 죄를 고백하고 은혜를 구하면서 그분 앞에 나아가야 한다.

우리는 하나님과 맺는 수직적 관계와 다른 사람들과 맺는 수평적 관계라는 두 범주에서 이 다섯 번째 간구를 살펴볼 수 있다. 이 두 용서에 '우리가 받아야 할 용서'와 '우리가 베풀어야 할 용서'라는 이름을 붙일 수 있을 것 같다.

우리가 받아야 할 용서

날마다 양식이 필요한 이유가 살기 위해서라면, 날마다 용서가 필요한 이유는 죽지 않기 위해서다. 우리가 일용할 양식을 간구한다면, 우리 죄를 위해 하나님께 날마다 은혜를 구하는 것은 당연하다. 우리는 하나님께 도저히 갚지 못할 빚을 졌다. 그래서 빚진 자가 되었다.

'빚과 빚진 자' 혹은 '죄와 우리에게 죄지은 자'라는 표현의 차이가 중요할까? 이 문제를 해결하고 공동 기도에서 표현을 통일해 줄 국제 협의체가 시급하다! 그 차이가 아주 중대한 문제는 아니지만, 조금은 중요할 수도 있다.

마태복음 6장 12절은 **빚**(debts),[1] 마태복음 6장 14절은 **잘못**(trespasses), 누가복음 11장 4절은 **죄**(sins)라는 표현을 사용한다. 그리스어 본문과 영어 본문 모두 각기 다른 세 단어를 사용한다. 그러므로 우리의 빚이나 잘못이나 죄, 무엇을 위해 기도하든 모두 성경적인 기도다. 이 단어들은 대체로 같은 의미라고 할 수 있다.

하지만 완전히 똑같은 의미는 아니다. **잘못하다**는 규칙을 어기거나 위반한 것을 암시한다. **빚지다**는 우리가 하나님께 갚을 수 없는 신세를 졌다는 의미다. "우리 빚을 면해 주시옵고"는 우리가 해서는 안 되는 일을 저질렀고, 해야 하는 일을 하지 않았다는 뜻을 암시한다.

"우리의 잘못을 용서하시고"라는 표현은 성공회 기도서에 나오는데, 이로 인해 많은 사람이 **잘못**이라는 단어를 사용한다. 제네바 성경과 흠정역 성경은 **빚**이라는 단어를 사용했다. 교회사를 좀 아는 사람이라면 성공회 교회는 그들의 기도서를 사용

---

[1] 개역개정 성경은 '죄'로 옮겼다.—옮긴이 주

했고 지금도 사용한다는 것을 알 것이다. 그래서 미국 성공회, 웨슬리언교회, 감리교 등 영국 성공회에서 나온 교파들은 **잘못**이라는 단어를 사용하는 경향이 있는 반면, 나머지 대부분은 **빚**이라고 기도한다.

그리스어 단어 '오페일레마'(opheilema)가 신약 성경의 다른 곳에 나오는 경우는 로마서 4장 4절이 유일한데, 거기서는 확실히 부채, 혹은 누군가에게 빚진 상태를 가리킨다. 마찬가지로 '오페일레테스'(opheiletes)라는 단어도 신약 성경의 다른 본문들에서는 일관적으로 '빚진 자'라는 뜻으로 사용된다(마 18:24; 눅 13:4; 롬 1:14; 4:4; 8:12; 15:27; 갈 5:3). NLT 성경(New Living Translation)을 제외하고 내가 찾을 수 있는 모든 영어 번역본의 마태복음 주기도 본문은 '빚'이라는 단어를 사용한다.

하지만 단어를 제대로 찾는 것보다 더 중요한 것은 개념을 제대로 파악하는 것이다. 우리는 날마다 자비에 빚진 자로 살아간다. 당신은 그 사실을 믿는가? 우리 필요를 날마다 간구해야 하듯이 우리 죄도 날마다 용서받아야 한다는 것을 믿는가? 주기도에 나오는 **빚**이라는 단어가 단수형이 아니라 복수형이라는 점도 주목할 필요가 있다. 우리가 진 모든 빚 하나하나가 의로우신 하나님의 비위를 거스를 테지만, 우리는 갚을 길 없는 그분께 진 수많은 빚을 생각해 보자. 헤르만 비치위스는 이 부분을 강하게 주장한다.

> 이런 종류의 빚을 하나만 져도 그 빚을 생각하기만 하면 형언하기 힘든 공포가 우리 마음을 가득 채우지 않겠는가? 그런데 우리는 온갖 종류의 빚을 다 졌다. 원죄, 전가된 죄, 타고난 죄, 자범죄, 과실과 태만의 죄, 무지의 죄, 의지박약의 죄, 계획적인 악함 등 헤아릴 수 없이 무수한 빚을 졌다.[2]

이쯤 되면 이런 질문을 던지는 그리스도인들도 있을 것이다. "우리는 이미 구속받아 정결해지고 의롭다 하심을 받았는데도 왜 계속해서 용서를 구해야 하는 건가요?"

우리 교회에서 매주 죄를 고백하는 것을 반대했던 한 신실한 교인이 생각난다. 그녀는 죄 고백을 불쾌하게 여겼다. 하나님은 우리가 죄를 용서받고 자유를 얻었다는 사실을 알기 원하시는데, 죄를 고백하는 행위가 오히려 우리가 죄에 빠져 있도록 권장한다는 것이다. 그녀는 의롭다 하심을 받은 죄인들이 반복

---

[2] Herman Witsius, *Sacred Dissertations on the Lord's Prayer* (Grand Rapids, MI: Reformation Heritage, 2010), 313. 잘 읽히도록 인용문의 구두점을 살짝 수정했다.

해서 죄로 돌아가는 것은 잘못이라고 믿었다.

그렇다면 왜 예수님은 우리에게 "우리 죄를 사하여 주옵시고"라고 기도하라고 가르치셨는가? 그것도 날마다는 아니더라도, 한 번만 아니라 자주 말이다.

우선, 우리는 여전히 죄를 저지른다. 우리가 계속해서 빚진 자로 살기 때문에 죄를 용서해 달라고 간구하는 것이다. 하지만 더 중요한 이유가 있다. 예수님은 우리가 심판자 하나님이 아니라 아버지 하나님과 관계 맺기를 원하시기 때문이다. 이것은 신실한 그리스도인들이 종종 놓치는, 너무나 중요한 부분이다. 하나님을 심판자로만 생각한다면, 당신은 죄가 있든지 없든지 둘 중 하나다. 의롭다 하심을 받았든지 아니든지 둘 중 하나다. 하나님을 기쁘시게 하거나 기쁘시게 하지 못한다는 식으로는 생각하지 않는다. 의롭다거나 불의하다는 법적 선언의 관점에서만 생각한다. 하나님을 심판자로 인식하는 것은 중요하지만, 그분을 심판자로만 대한다면 당신이 믿는 기독교는 지나치게 격식만 차린 진부한 종교가 될 것이다.

하나님은 우리 아버지시기도 하다. 예수님은 우리가 주기도 중에 하나님을 그렇게 생각하기 원하신다. 좋은 아버지는 항상 자녀들을 사랑하지만, 자녀들을 기뻐할 때도 있고 기뻐하지 못할 때도 있다. 당신은 판사를 찾아가 또다시 실수했다고 시인하기보다는, 아버지에게 가서 죄송하다고 말씀드릴 것이다. 우리 아이들이 해서는 안 될 일을 하거나 내가 부탁한 일을 하지 못했을 때 나는 아이들이 가족과 관계가 끊어지거나 집에서 쫓겨날까 봐 두려워하기를 원치 않는다.

그렇다고 아이들이 자신의 불순종을 별일 아니라고 생각하는 것도 원치 않는다. 아이들이 좋은 자녀라면(그리고 내가 좋은 아버지라는 것을 안다면) 나를 찾아와 잘못을 인정할 테고, 나는 기꺼이 용서할 것이다.

따라서 그리스도인이 죄를 지었다면 정죄를 두려워해서는 안 된다. 그리스도 예수 안에 있는 사람들에게는 정죄함이 없기 때문이다. 그래도 양심의 가책은 느껴야 한다. 절망할 필요는 없지만, 벌을 받을 만한 일을 했다면 죄책감을 느껴야 한다. 내가 하나님과 누리는 부자 관계를 망쳤기 때문이다. 내가 용서를 구해야 하는 이유는 바로 이 때문이다. 처음부터 다시 의롭다 하심을 받기 위해서가 아니라, 내 인생에서 가장 중요한 관계를 엉망으로 만들어 버렸기 때문이다. "우리 죄를 사하여 주시옵고"는 겁에 질린 소송 당사자가 아니라 사랑받는 자녀의 외침이다.

우리가 베풀어야 할 용서

이 간구는 두 부분으로 되어 있다. "**우리가 우리에게 죄 지은 자를 사하여 준 것 같이** 우리 죄를 사하여 주시옵고"(마 6:12). 이 다섯째 간구에서 우리는 하나님께 무언가를 구할 뿐 아니라, 자신에게도 무언가를 기대한다. 용서받은 사람이 용서한다. 지극히 단순하다. 당신이 누군가를 용서하는 법이 없다면, 자신이 정말로 용서를 경험했고 믿는지 점검해 보는 편이 좋겠다.

이쯤에서 **용서**가 도대체 무슨 뜻인지 구체적으로 살피는 게 도움이 될 것 같다. 용서가 정확히 무엇이고 무엇이 아닌지를 오해해 많이 혼란스러워하기 때문이다. 마태복음 6장 12절만 보면 당신은 어떻게 용서를 정의하겠는가? 용서는 빚을 탕감하거나 지급을 면제하는 것과 같다. 이것이 기본 개념이다. 하나님은 우리를 용서하시면서 "내게 빚진 것을 갚지 않아도 된다"고 말씀하신다. 우리가 다른 사람을 용서할 때도 비슷한 말을 하게 된다. "정당하게 내 몫인 도덕적 대가를 요구하지 않겠습니다." 우리는 다른 사람의 죄를 최종 판결하는 것이 우리가 할 일이 아님을 잘 안다. 세상의 모든 죄는 이미 십자가에서 벌을 받았거나 앞으로 지옥에서 벌을 받을 것이기 때문이다.

하지만 용서가 아닌 것을 확실히 할 필요가 있다.

① 용서한다고 해서 결과가 따르지 않는 것이 아니다. 아버지가 밤늦게 귀가한 아들을 용서할 수는 있지만, 규칙을 어긴 결과로 외출 금지를 명령할 수 있다. 우리가 하나님께 징계를 받듯이 이 아들도 징계를 받을 수 있다. 용서를 받았더라도 말이다.
② 용서가 모든 권위 구조를 없애지는 않는다. 부모의 권위를 침해하면 결과가 따른다. 마찬가지로 정부의 권위를 침해해도 결과가 따른다. 잘못한 일에 대해 개인적으로 용서받을 수는 있지만, 교도소에 가거나 사형을 받을 수도 있다. 십자가에 달린 강도가 자기 죄를 고백했다는 이유로 십자가에서 내려갈 수는 없었다. 마찬가지로 교회의 권위를 침해하면 결과가 따른다(마 18장; 고전 5장). 죄인이 뉘우치지 않고 계속해서 죄를 저지르면 교회는 행동에 나서서 징계할 의무가 있다. 교회는 단정적이어서는 안 되지만, 판단은 교회의 명백한 의무다(고전 5:12).
③ 용서는 아무 판단도 하지 않는 것이 아니다. 제대로 된 판단과 잘못된 판단이 있다. 마태복음 7장에서 이 점을 확인

할 수 있다. 예수님은 비판하지 말라고 말씀하신다. 하지만 이어서 제자들에게 진주를 돼지 앞에 던지지 말라고 가르치신다(마 7:6). 그러려면 누가 돼지인지 판단해야 한다. 우리가 피해야 할 종류의 판단은 부정적인 면만 보고, 비판적인 면만 믿고, 다른 사람의 최악의 동기만을 가정하는 것이다. 그것은 판단**주의**(judgmentalism)다. 현명한 평가와는 다르다. 다른 사람을 너그럽게 판단한다고 해서 아무 생각도, 질문도, 분별도 없어야 하는 것이 아니다. 우리는 뱀처럼 지혜롭고 비둘기처럼 순결해야 한다(마 10:16). 예수님이 우리에게 하신 용서하라는 말씀은 방울뱀을 강아지처럼 데리고 놀라는 뜻이 아니다. 용서란 방울뱀이 강아지가 된다면 그 강아지에게 이전에 뱀이었다는 사실을 상기시키지 말라는 뜻이다.

용서의 정의

그러면 용서란 무엇인가? 차하리아스 우르지누스(Zacharias Ursinus)는 자신의 하이델베르크 요리문답 해설에서 용서를 쉽게 설명해 준다. 그에 따르면 용서는 세 가지 다른 형태를 띨 수 있는데, 그중 한 가지만은 반드시 있어야 한다. 용서는 다음의 삼중 요소로 되어 있다.

① **복수에 대한** 용서. 이것은 모든 용서에 적용된다. 용서할 때는 복수를 포기해야 한다.
② **형벌에 대한** 용서. 형벌이 항상 없어지는 것은 아니다. 하나님은 그분의 법이 실행되길 원하시기 때문이다.
③ 다른 사람들을 향한 **판단에 대한** 용서. "이것은 항상 면제되어서는 안 된다. 하나님은 거짓을 금하시기 때문이다. 그분은 우리가 악당을 정직한 사람으로 판단하게 하지 않으실 테지만 선과 악은 반드시 구분하도록 하신다."[3]

즉, 용서한다고 해서 다 잊어야 하는 것은 아니다. 우리가 우리에게 죄지은 사람들을 용서한다고 말할 때 우리는 자신의 내면 상태를 염두에 두는 경우가 많다. 하지만 용서에 대한 옛 관점, 조금 더 성경적인 관점은 용서를 치유보다는 관계적인 과

---

[3] Zacharias Ursinus and G. W. Williard, *The Commentary of Dr. Zacharias Ursinus on the Heidelberg Catechism* (Cincinnati, OH: Elm Street Printing, 1888), 652.

정으로 본다. 용서는 의지를 발휘하는 행동이다. 청교도인 토머스 왓슨(Thomas Watson)에 따르면, 용서는 "복수에 대한 온갖 생각을 거스른다"라는 의미다. "우리 원수에게 해를 끼치지 않고, 오히려 그들이 잘되기를 바라고, 그들의 재앙에 슬퍼하며, 그들을 위해 기도하고, 그들과의 화해를 추구하고, 우리가 어떤 경우든 그들을 놓아줄 준비가 되었음을 보여 주는 것이다."[4] 그런 의미에서 유감스럽지만, 아버지의 죽음에 복수하기 위해 평생을 바친 이니고 몬토야[5]는 기독교의 미덕은 못 보여 주었다고 생각한다.

의도는 좋지만 잘못된 상담과 대중 심리학의 영향을 받은 많은 그리스도인이 용서를 치유의 관점에서 이해하는 경우가 많다. 이들은 용서를 자신의 감정을 정리하기 위해 일방적으로 내면에서 애쓰는 것으로 생각한다. 하지만 성경이 말하는 하나님의 용서라는 개념에서 시작한다면 그런 관점은 부족하다는 것을 알 수 있다. 이것이 바로 크리스 브라운스(Chris Brauns)가 그의 중요한 책 『위대한 용서』(*Unpacking Forgiveness*)에서 강조하는

4] Thomas Watson, *Body of Divinity* (1992; repr., Grand Rapids, MI: Baker, 1979), 581.
5] 영화 "프린세스 브라이드"(The Princess Bride)의 등장인물―옮긴이 주

내용이다.[6] 몇 해 전, 내가 운영하는 블로그에서 크리스를 인터뷰하면서 용서를 치유로 바라보는 요즘 사회의 관점에 대해 물어보았다. 그때 그가 한 대답은 여기에 한 번 더 인용할 가치가 있다.

> 치유적인 용서는 용서의 핵심이 느낌이라고 주장합니다. 우리 사회는 이를 대대적으로 수용했죠. 사람들이 용서한다고 말할 때는 대부분 자신이 원망하는 마음을 갖지 않겠다는 개인적 차원의 문제를 뜻합니다.
>
> 그룹 보스턴(Boston)의 "돈 룩 백"(Don't Look Back) 앨범에서 한 줄을 빌려 와서, 나는 용서가 "감정 그 이상"(More Than a Feeling)이라고 주장하고 싶습니다. 하나님이 우리를 용서하실 때 그분과의 관계가 회복됩니다. 그래서 칼뱅은 죄의 회개와 용서가 복음 전체라고 말했습니다(『기독교강요』 3.3.19).
>
> 용서가 치유로 둔갑하면 온갖 종류의 비성경적인 일이 벌어지게 됩니다. 예를 들어, 어떤 사람들은 하나님을 용서하는 것도 타당하다고 말합니다. 하나님은 용서가 필요한 일을 하신 적이

---

6) Chris Brauns, *Unpacking Forgiveness: Biblical Answers for Complex Questions and Deep Wounds* (Wheaton, IL: Crossway, 2008). (『위대한 용서』 미션월드라이브러리)

없기에 그런 생각은 이단적입니다. 하지만 '치유적' 용서에서는 원망하는 마음을 더는 갖지 않도록 하나님을 용서할 필요가 있습니다.

치유적 용서는 양쪽 당사자가 차이를 해결할 필요도 줄여 줍니다. 용서가 단지 내 느낌에 불과하다면 관계에 대해 걱정할 필요가 없죠.

치유적 용서의 비극은, 개인의 감정을 모든 것의 중심으로 삼아 결국 괴로움과 잘못된 감정으로 빠지게 된다는 것입니다.[7]

분노와 원한을 극복하는 것은 중요하지만, 용서는 그 이상이다. 일방적이지 않고 양쪽 당사자가 다 관여한다. 용서는 상대가 뉘우칠 때 그에게 주는 것이다. 우리는 늘 용서하는 태도를 지니고 진정한 용서를 제안해야 하지만, 한쪽이 회개하고 다른 한쪽이 그가 진 도덕적 빚을 탕감해 줄 때 성경적인 용서를 온전히 표현할 수 있다.

영화 "브레이브 하트"(Braveheart)의 한 장면이 떠오른다. 윌리

---

[7] Kevin DeYoung, "Following Up on Forgiveness," The Gospel Coalition, February 13, 2014, https://www.thegospelcoalition.org. The interview first appeared on my blog April 7, 2009. 칼뱅의 언급은 다음 출처에서 가져왔다. John Calvin, *Institutes of the Christian Religion*, ed. John T. McNeil, trans. Ford Lewis Battles (Philadelphia: Westminster Press, 1960), 3.3.19. (『기독교강요』)

엄 윌레스가 아내를 잃고 나서 장인 앞에 무릎을 꿇는다. 아내는 윌레스의 아내라는 이유로 살해당했다. 아버지는 잠시 망설이다가 윌리엄 윌레스의 머리에 손을 얹고서 딸이 그와 몰래 결혼하지 않았더라면 죽지 않았겠지만, 그래도 용서한다는 뜻을 비친다.[8] 이것이 용서다. "당신은 내게 더는 아무 빚이 없습니다. 내게 갚을 것이 없어요. 당신이 죄책감을 느끼게 하지 않을 것입니다. 내가 당신을 받아들이도록 애쓸 필요가 없습니다. 내 손실을 보상하기 위해 당신이 내게 주어야 할 것을 더 이상 당신에게 요구하지 않겠습니다."

용서받기와 용서하기

이제 주기도의 다섯째 간구로 돌아가 보자.

당신이 이 간구의 무게감을 제대로 느낄 수 있도록 지금까지 **용서**의 정의를 자세히 살펴볼 필요가 있었다. 성경은 **용서하지 않는** 사람은 **용서받지 못한** 사람이라는 점을 분명히 한다. 우

---

[8] Mel Gibson, dir., *Braveheart* (Los Angeles: Paramount Pictures Studios, 1995). (영화 "브레이브하트")

리는 용서해야 구원받는가? 물론, 아니다. 우리가 용서한다고 해서 하나님의 용서를 받을 자격이 생기지는 않는다. 당신이 어떤 경험을 했다고 생각하는지, 어떤 기도를 드렸는지는 중요하지 않다. 용서하지 않는 사람은 용서받지 못할 것이다.

놀랍게도, 어떤 의미에서 우리는 하나님께 우리의 예를 따르시라고 요청하고 있다. "하나님, 제가 다른 사람들을 대하듯이 저를 대해 주십시오." 매우 대담한 요청이다. 그리고 이 요청은 우리가 다른 사람들에게 하듯이 하나님도 우리에게 해 주시기를 원하는지 생각해 보게 만든다. 마태복음 6장 12절 안의 이 연관성을 법률 공식처럼 이해해서는 안 된다. "하나님, 제가 저 사람들을 도와주었으니 주님도 저를 도와주셔야 합니다." 이렇듯 조종하는 말이 아니라, 인정하는 말이다. 용서하는 사람만이 용서받기를 기대할 수 있다. 혹은 같은 내용을 반대 방향으로 표현하자면, 하나님의 뜻으로 자기 죄를 용서받았음을 아는 사람이 그에게 죄를 지은 다른 사람들을 적극적으로 용서할 수 있다.

용서는 기독교의 제자도에서 가장 소홀히 여겨진 부분이다. 예수님이 산상수훈 앞부분에서 하신 말씀을 생각해 보자. 당신이 어떤 사람에게 원망 들을 만한 일이 있다면, 예배를 중단하고 가서 그 관계를 회복해야 한다. 다시 말해, 기도조차 중단하고 용서를 먼저 구해야 한다는 것이다(마 5:23-24). 신약 성경에서 다른 사람을 향한 우리의 태도와 용서의 중요성을 강조하는 본문들을 생각해 보자.

> 너희가 비판하는 그 비판으로 너희가 비판을 받을 것이요 너희가 헤아리는 그 헤아림으로 너희가 헤아림을 받을 것이니라(마 7:2)

> 이에 주인이 그를 불러다가 말하되 악한 종아 네가 빌기에 내가 네 빚을 전부 탕감하여 주었거늘 내가 너를 불쌍히 여김과 같이 너도 네 동료를 불쌍히 여김이 마땅하지 아니하냐 하고(마 18:32-33)

> 서로 친절하게 하며 불쌍히 여기며 서로 용서하기를 하나님이 그리스도 안에서 너희를 용서하심과 같이 하라(엡 4:32)

하나님께 우리 죄를 사하여 달라고 간구하는 것보다 우리 삶에서 더 중요한 일은 없다. 그리고 아마도 하나님이 우리에게 죄지은 자를 사하라고 우리에게 요구하시는 것보다 더 힘든 일도 없을 것이다.

결론

다음 두 질문으로 이 장을 마무리하려 한다.

첫째, 당신은 하나님 발아래 내려놓아야 할 모든 것을 그분께 감추고 있지는 않은가? 당신이 죄를 고백하지 않았기 때문에 하나님과 관계가 끊어졌을지도 모른다. 이 다섯째 간구를 기도에 포함할 생각을 하지 못해서 죄에 눈이 멀었는지도 모르겠다. 당신이 한 일을 솔직하게 인정하기를 회피하고 있지는 않은가? 하나님 눈앞에서 감출 수 있는 일은 없다. 깨끗한 양심과 하늘에 계신 아버지와 회복된 관계를 누리는 기쁨을 알고 싶지 않은가?

둘째, 당신은 하나님이 당신에게 요구하시지 않은 것을 다른 사람들에게 요구하고 있지 않은가? 비치위스의 말을 다시 한번 들어 보자. "하나님이 용서하실 때 그분은 영원한 형벌에서 죄인을 해방하시고 넘치는 생명과 행복으로 복을 주신다. 하지만 우리가 용서할 때는 그저 우리의 미약하고 무력한 분노를 가해자에게서 거두고 행운을 빌어 줄 뿐이다."[9] 하나님의 용서는 우리의 용서보다 훨씬 크다. 다른 사람이 이미 당신 밥값을 치렀는데 당신 이웃이나 배우자, 부모, 친구에게 팁을 내라고 하지 말라. 당신이 당신에게 죄지은 사람에게 하듯 하나님이 당신과 당신 죄를 다루신다면 어떻게 되겠는가? 물론, 당신에게 큰 상처를 입힌 사람들도 있을 것이다. 하나님은 절대 당신이 당한 일이 아무렇지도 않다고 말씀하시지 않는다. 용서는 죄가 하찮은 문제라고 말하지 않는다. 당신은 죄가 아무것도 아니라고 말하지 않는다. 하나님이 더 크시고, 십자가가 더 크며, 지옥이 더 크다고 말하는 것이다. 남이 내게 진 빚에 관심을 두지 말고 하나님이 이미 당신을 용서하셨다는 사실에 집중하자.

9] Witsius, *Sacred Dissertations*, 323.

스터디 가이드

1. 저자는 **빚**, **잘못**, **죄**를 각각 정의한다. 이 셋은 어떻게 다르고, 저자의 정의는 어떤 면에서 도움이 되는가?

2. 용서는 우리가 하나님과 맺는 수직적 관계와 다른 사람들과 맺는 수평적 관계에 모두 적용된다. 당신은 둘 중 어느 쪽이 더 어려운가?

3. 용서와 용서가 아닌 것을 설명하는 내용은 당신에게 어떤 도움이 되었는가?

4. 오늘날 판단과 판단주의를 혼동하는 사람이 많다. 저자는 둘의 차이를 어떻게 설명하는가?

5. "성경은 **용서하지 않는** 사람은 **용서받지 못한** 사람이라는 점을 분명히 한다"(129쪽)라는 저자의 말은 어떤 의미인가?

The Lord's Prayer

6.

우리의 간구

**우리를 시험에 들게 하지 마시옵고
다만 악에서 구하시옵소서**

마 6:13

나는 오랫동안 달리기를 했다. 비록 화려한 경력은 없어도 중학생 때 이후로 꾸준히 달렸다. 달리기를 즐긴 수십 년 동안, 뛰다가 꽤 심각한 위험에 빠진 것을 (뒤늦게) 깨달은 적이 몇 번 있다.

두어 해 전, 노스캐롤라이나주 서부의 야트막한 산지를 구불구불 돌아가는 비포장도로를 달리다가 핏불테리어 한 마리가 내 쪽으로 다가오는 것을 보았다. 개는 자기 집 마당에 앉아 있다가 나를 향해 빠르게 걸어오면서 나지막이 으르렁거렸다. 나는 달리기를 멈추고 반대 방향으로 차분하게 걷기 시작했다. 개가 뛰지는 않았기 때문에 나도 계속 걷기만 했다. 개가 나를 따라오느라 집에서 꽤 멀어졌는데도, 개 주인은 개가 사라지거나 아무 죄 없는 낯선 사람을 따라가고 있다는 사실에 조금도 관심이 없는 것 같았다. 그러다가 결국 그 개는 내가 자기 영역에서 완전히 벗어났다고 생각한 모양이었다. 종종거리는 걸음을 멈추더니 돌아서서 집으로 가 버렸다. 그래서 나는 살아남아 이 이야기를 들려줄 수 있게 되었다.

또 언젠가는 고든콘웰신학교와 고든대학 사이에 있는 아름다운 숲속을 달리고 있었다. 뉴잉글랜드 지방의 전형적인 건조하고 맑은 늦가을 오후였다. 나는 아름다운 풍경에 취해서 오솔길을 벗어나 나무숲 사이로 들어섰다. 그맘때 뉴잉글랜드 지방은 4시 반이면 해가 지기 시작한다. 어느새 주위가 어두워졌는데 내가 어디 있는지 알 수가 없었다. GPS 시계나 스마트폰, 헤드 랜턴 같은 게 없던 시절이었다. 조금씩 겁이 났다. 나뭇잎을 덮고 자면 얼마나 추울까 하는 생각이 들었다. 길이나 개울이나 어디든 나오기를 바라는 심정으로 어느 방향이 됐든 무조건 아래쪽으로 빨리 달리기로 했다. 결국에는 자갈길 쪽으로 나와 그 길을 따라 익숙한 곳으로 돌아올 수 있었지만, 10분만 늦었더라도 산악 구조대가 필요했을지도 모를 일이다.

마지막 이야기가 아마도 가장 무시무시한 이야기일 텐데, 당시에는 전혀 감을 잡지 못했다. 그 당시 나는 콜로라도주에서 여름을 보내고 있었다. 내가 머물던 지역은 아름답지만 인적이 아주 드문 시골이었다. 하루는 산길을 달리다가 길을 벗어나(익숙한 패턴이 보이는가?) 산비탈로 올라갔다. 산등성이를 뛰어올라 가다가 커다란 사슴 혹은 말코손바닥사슴 같은 것이 죽어서 바닥에 누워 있는 것을 보았다. 사체가 비교적 온전하고 부패가 아직 시작되지 않은 것으로 보아 죽은 지 얼마 안 된 듯했다. '이렇게 크고 빠른 동물을 죽일 정도면 뭐가 됐든 나 같은 사람 하나 죽이는 건 식은 죽 먹기일 거야.' 나중에 사람들한테 듣고 하마터면 흑곰한테 큰일을 당할 뻔했다는 것을 알았다.

세 경우 모두 너무 늦지 않게 위험을 알아차린 것이 천만다행이었다. 하지만 진짜 아슬아슬했다. 숲속에서 정해진 길을 벗어나 달리기를 할 때 조심해야 할 점이 우리의 영성 생활에도 적용된다. 우리는 자신이 위험에 빠졌다는 사실을 알아차리지 못할 때가 있는데, 가끔은 알아차리고 나면 **너무** 늦어 버린 경우도 있다. 예수님이 주기도에서 마지막으로 가르쳐 주시려는 것은 우리에게 아버지의 도움이 필요하다는 것이다. 우리 안에는 위험이 가득하고, 우리 주변에는 늘 위험이 도사리고 있기 때문이다.

중요한 순서

이제 여섯 번째 간구를 살펴볼 차례다. "우리를 시험에 들게 하지 마시옵고 다만 악에서 구하시옵소서"(마 6:13). 이 말씀을 둘로 나누는 사람들도 있지만, 사실 이 두 간구는 같은 간구를 두 평행 구절로 표현한 것이다.

이는 전체 기도문의 여섯째 간구이면서, 우리의 유익에 초점을 둔 후반부의 세 간구 중 세 번째이자 마지막 간구다. 우리는 이 기도에서 삼위일체 구조를 볼 수 있다. 창조주 성부 하나님은 우리에게 일용할 양식을 주신다. 성자 하나님은 우리의 죄를 사하여 주신다. 성령 하나님은 우리를 인도하시고 우리가 거룩하게 살아갈 힘을 주신다. 우리 죄가 사함 받은 것을 안다고 해서 죄와 어둠에 무신경해지는 것은 아니다. "그러나 사유하심이 주께 있음은 주를 경외하게 하심이니이다"(시 130:4). 죄에서 해방된 우리는 예수님이 빛 가운데 계신 것처럼 우리도 빛 가운데 행하기 원한다(요일 1:7).

주기도는 기도하는 방법뿐 아니라 우리 자신에 대해서도 가르쳐 준다. 이 마지막 세 간구는 모든 인간에게 필요한 세 가지, 곧 공급과 용서와 보호를 표현한다. 우리는 배를 채워야 하고, 죄를 용서받아야 하며, 악에 맞서 싸워야 한다. 이 세 간구는 우리가 의존하는 삶, 빚진 삶, 위험한 삶을 살고 있음을 일깨워 준다.

유혹과 시험

"우리를 시험에 들게 하지 마시옵고"라는 간구는 **시험**(temptation)을 정의하기 전까지는 굉장히 단순해 보인다. 성경에 나오는 시험에는 적어도 세 종류가 있다.

① 때로 성경은 시험을 **시련**이나 **힘든 일**로 묘사한다. 이 시련은 그 자체로는 죄가 아니지만, 거기에 따르는 고통 때문에 우리가 하나님을 의심하거나 세상과 타협하거나 신앙을 등지려는 유혹을 받을 수 있다. 야고보서 1장 2절은 "내 형제들아 너희가 여러 가지 시험을 당하거든 온전히 기쁘게 여기라"라고 말한다. 여기서 '시험'으로 번역된 그리스어는 '페이라스모이스'(*peirasmois*)인데, 야고보서 1장 13절에서 '시험을 받는다'고 번역된 동사형과 같은 단어

다. 따라서 광의의 시험은 우리가 견뎌야 할 고통과 고난, 시련을 가리킬 수 있다.

② 성경은 시험을 **죄의 유혹**으로 보기도 한다. 이런 시험은 우리 외부에서 올 수 있다. 광야에서 예수님이 받으신 시험을 생각해 보자. 그분은 잘못된 것에 끌리는 죄의 본성이 없으셨다. 물론 우리와 같이 모든 면에서 시험을 받으셨지만 죄는 없으셨다. 그분은 진정한 인간이셨지만, 그분이 겪으신 시험이 모든 면에서 우리의 경험과 같다고 볼 수 없다. 예수님은 마귀의 간청과 제안으로 시험을 받으셨다. 마찬가지로 우리도 세상의 거짓과 약속으로 외부로부터 시험을 받을 수 있다.

③ 그런가 하면 **우리 내면에서 비롯되는 시험**이 있다. 이런 죄의 유혹은 우리에게 내재한 죄의 힘에서 비롯된다. 이것이 바로 야고보의 다음 말씀이 뜻하는 바다. "오직 각 사람이 시험을 받는 것은 자기 욕심에 끌려 미혹됨이니"(약 1:14). 그리스도는 이런 유혹을 받지 않으셨다. 그분께는 악한 욕망이 없으셨다. 그분의 마음에는 부적절한 욕구가 없으셨다. 예수님도 시련으로 인한 고통과 마귀의 말로 유혹을 받으셨지만, 타락한 내면의 욕구 때문에 시험을

받지는 않으셨다. 우리는 세 종류의 시험을 모두 받지만, 예수님은 처음 두 가지 시험만 받으셨다.

그렇다면 "우리를 시험에 들게 하지 마시옵고"라는 기도는 무슨 뜻인가? '나를 죄로 유인하지 말아 달라'는 뜻은 아니다. 하나님은 우리를 절대 죄로 유인하지 않으신다. 야고보서 1장 13절은 "사람이 시험을 받을 때에 내가 하나님께 시험을 받는다 하지 말지니 하나님은 악에게 시험을 받지도 아니하시고 친히 아무도 시험하지 아니하시느니라"라고 말한다. "여호와는 의인을 감찰"하시지만(시 11:5), 우리를 유혹에 빠뜨리지는 않으신다. 우리 앞에 죄를 아주 매력적으로 보이게 제시하지 않으신다는 뜻이다. 그것은 하나님의 성품과 어울리지 않는다.

주기도에서 "아버지, 저를 시험하지 마세요"라고 기도하지 않는다는 점에 주목하라. 그것은 전혀 불필요한 기도다. 그보다 "저를 시험으로 **이끌지** 마세요"라고 기도한다. 그 말씀은 이런 뜻이다. "제가 죄의 매력을 가까이하지 않게 해 주세요. 마귀를 멀리하게 해 주세요. 견디기 힘들 정도로 죄의 유혹이 큰 상황에 빠지지 않게 해 주세요." 예수님은 우리에게 이렇게 기도하라고 가르치고 계신다.

마태복음 전후 문맥을 살펴보면 주기도에서 말하는 시험의 의미를 더 분명히 볼 수 있다. "그 때에 예수께서 성령에게 이끌리어 마귀에게 시험을 받으러 광야로 가사"(마 4:1). 예수님께는 성취해야 할 특별한 사명이 있으셨다. 첫 번째 아담이 실패한 것에 성공하셔야 했다. 이스라엘이 신실함을 입증하지 못했던 광야에서 신실함을 입증하셔야 했다. 성령님이 예수님을 시험과 유혹의 장소로 이끄셨다. 예수님은 우리에게 이렇게 기도하라고 가르치신다. "아버지, 그와 같은 광야로 저를 이끌지 말아 주십시오."

그렇다고 해서 하나님이 그분의 섭리로 우리 삶에 시련을 주지 않으신다는 뜻은 아니다. 확실히 우리에게 시련을 주기도 하신다. 욥기를 보면 하나님이 욥이 시험을 받도록 허락하신 것을 알 수 있다. 우리는 삶에 아무 고통도 없기를 기도하지 않는다. 우리 삶에 죄가 없기를 기도할 뿐이다. 그래서 우리는 "우리를 시험에 들게 하지 마시옵고"라는 기도와 "다만 악에서 구하시옵소서"라는 기도를 함께 읽어야 한다. 전형적인 히브리어 평행법에서는 한 가지를 말한 다음 같은 내용을 다르게 표현한다. 따라서 "우리를 시험에 들게 하지 마시옵고"는 후반부의 "다만 악에서 구하시옵소서"라는 같은 내용을 시적으로 표현한 것이다. 가장 기본적인 수준에서 이 여섯째 간구는 영혼의 보호를 요청하는 것이다.

그래서 나는 이 구절의 마지막에 나오는 "악"이 '악한 자'를 뜻한다고 생각한다. 그리스어 '투 포네루'(*tou ponerou*)는 '악'을 의미하는 중성 명사도 될 수 있고, '악한 자'를 의미하는 남성 명사도 될 수 있다. 광야에서 예수님이 받으신 시험과 연결해 보자면, 내 생각에 이 단어는 남성 명사로서 악한 자를 가리킨다고 보아야 할 것 같다. 우리는 하나님께 이렇게 기도한다. "저를 죄의 길에서 벗어나게 하시고, 마귀의 덫에서 안전하게 지켜 주십시오."

우리가 이 단순한 간구를 드릴 때 하나님께 표현하는 모든 것을 생각해 보자. 우리는 죄를 미워하는 마음을 알리고, 죄를 극복하기에는 너무나 연약한 우리 자신을 고백한다. 결코 우리를 떠나거나 포기하지 않으시는 하나님을 의지한다. 우리 힘과 방패이신 성령님의 능력을 믿는다. 죄에 맞서는 싸움에서 의지력이 항상 중요한 역할을 해야 함에도 불구하고, 예수님은 우리에게 옳은 일을 하기 위한 의지력을 달라고 기도하라고 가르치지 않으신다. 우리는 싸울 용기를 달라고 기도하는 것이 아니라 하늘에 계신 아버지가 우리 피난처, 반석, 구원이 되어 주시기를 간구한다.

  이번에도 우리가 하늘에 계신 아버지께 기도하고 있다는 점을 잊지 말아야 한다. 그분은 너무 바빠 우리에게 신경 못 쓰시는 분도 아니고, 너무 무능해서 우리를 도와주실 수 없는 분도 아니다. 아이들이 어렸을 때 내게 한 말이 떠오른다. "아빠, 머리가 물에 빠지지 않게 해 주세요." "아빠, 비행기에서 내 옆자리에 앉으셔야 해요, 꼭이요." 나는 그런 부탁이 좋다. 아이들이 나를 아버지로 존중한다는 뜻이기 때문이다. 그런 부탁은 전혀 어렵지 않다. 오히려 아이들을 인도하고 보호하는 일이 기쁘다. 그러니 하늘에 계신 아버지는 당신을 인도하고 보호하는 일을 얼마나 더 기뻐하시겠는가?

예수님의 시험과 우리의 시험

  우리 인생의 시험에 대해 생각할 때 예수님이 받으신 시험을 생각해 보면 도움이 된다. 마귀가 예수님 앞에 제시한 것들을 우리에게도 제시할 것이기 때문이다. 광야에서 마귀는 쾌락, 교만, 권력 이 세 가지로 예수님을 시험했다.

쾌락

마귀가 무슨 수작을 부리고 있는지 쉽게 알 수 있다. "예수, 배고프지? 40일을 주야로 금식했잖아. 뭘 좀 먹어야지. 너는 하나님 아들이니까 원하는 걸 만들어 봐. 떡 한 조각쯤이야. 어서 가서 먹어. 이 돌들을 떡 덩이로 만들어 봐."

먹는 것이 다 잘못은 아니듯, 모든 쾌락이 죄는 아니다. 마태복음 4장 11절은 천사들이 와서 예수님을 수종 들었다고 말한다. 열왕기상 19장에서 여호와의 천사가 광야에 있던 엘리야에게 음식을 가져다주었듯, 아마도 천사들이 그분께 음식을 가져왔다는 뜻일 것이다. 먹는 것 자체가 문제는 아니다. 문제는 예수님이 마귀의 말을 들으실지 여부였다. 과연 예수님은 마귀의 생각대로 그분의 정체성을 입증하실 것인가? 예수님은 음식보다 하나님을 더 사랑하셨는가? 예수님은 하나님이 다른 방식으로 그분의 굶주림을 채워 주실 수 있다고 믿으셨는가?

예수님은 쾌락에 쾌락으로 맞서셨다. "사람이 떡으로만 사는 것이 아니요 여호와의 입에서 나오는 모든 말씀으로 [살 것이다]"(신 8:3). 다시 말해, "사탄아, 네 음식은 필요 없다. 하나님이 나를 먹여 주신다. 하나님이 나와 함께하신다."

주의 궁정에서의 한 날이

다른 곳에서의 천 날보다 나은즉(시 84:10)

주의 인자하심이 생명보다 나으므로…

골수와 기름진 것을 먹음과 같이 나의 영혼이 만족할 것이라

(시 63:3, 5)

하늘에서는 주 외에 누가 내게 있으리요

땅에서는 주 밖에 내가 사모할 이 없나이다

내 육체와 마음은 쇠약하나

하나님은 내 마음의 반석이시요 영원한 분깃이시라

(시 73:25-26)

예수님은 쾌락에 쾌락으로 대응하셨다. 너는 내게 떡이라는 즉각적인 즐거움을 제시하지만, 나는 하늘에 계신 아버지가 주신 말씀에서 더 큰 즐거움을 누린다.

교만

예수님이 받으신 두 번째 시험은 자신을 증명하라는 것이다.

"이봐, 예수, 네 능력을 보여 줘. 쇼 한번 제대로 해 보라고. 성전 꼭대기에서 뛰어내리면서 천사들에게 낙하산이 되어 달라고 명령해. 그러면 유명해질 거야. 다들 네 이야기를 하겠지. 세상에 이보다 더 놀라운 일은 없을 테니까. 네가 하나님의 아들이라고 확실히 믿을 거야."

사탄은 성경을 인용하기도 하지만(시 91:11-12) 제대로 적용하지 못한다. 사람들이 당신 앞에 성경을 내보일 수는 있지만, 그렇다고 그들이 진리를 말한다고 볼 수는 없다. 마귀는 약속의 말씀을 교만의 기회로 둔갑시킨다. 사람들에게 예수님의 능력을 보여 주는 것에는 문제가 없었을 것이다. 제자들이 부활하신 예수님을 예배한 것에도 아무 잘못이 없었다. 예수님이 그분의 영광을 드러내시는 것은 잘못이 아니지만, 이 방법은 옳지 않았다. 하나님은 놀이동산이 아니시다. 우리에게 마술을 보여 주시려고 존재하는 분이 아니다. 그분은 단순한 명성이 아니라 마음에서 우러난 예배를 원하신다.

마태복음 4장 7절에서 예수님은 신명기 6장 16절을 인용하여 대답하신다. "주 너의 하나님을 시험하지 말라 하였느니라." 하나님을 시험하지 말라. 하나님을 코너에 몰아넣지 말라. 하나님께 당신의 기말고사 답을 쓰라고 강요하지 말라. 그분은 우리에게 스스로를 증명할 필요가 없으시다. 우리를 남들 눈에 좋게 보이게 하려고 그분이 계신 것이 아니다.

권력

마귀는 마지막 시험에서 영광에 이르는 지름길을 제안한다. "세상의 이 모든 나라를 봐라. 나를 경배하면 이 모두가 네 것이 될 거야." 마귀의 제안이 틀린 말은 아니었다. 나중에 예수님이 "하늘과 땅의 모든 권세를 내게 주셨으니"(마 28:18)라고 말씀하시니 말이다. 모든 나라는 그분 것이 될 것이다. 하지만 마귀는 이 올바른 목적을 잘못된 수단으로 제시한다. 마귀는 우리가 지름길로 가기를 원한다. "이봐, 예수, 모든 나라가 네 소유가 될 수 있어. 고난도, 배신도, 십자가도 없이 말이야. 내 식대로 하면 네가 가려는 곳에 훨씬 더 쉽고 편안하게 갈 수 있지. 그렇게 힘들게 할 필요가 없다니까, 예수. 온 세상을 가질 수 있다고. 네가 원하는 모든 권력과 영광을 누릴 수 있지. 내 발밑에 엎드리기만 하면."

이것은 권력에 관한 시험이자 지름길에 관한 시험이었다. 사탄은 늘 쉬운 길로 우리를 유혹한다. 십자가가 없는 영광, 고통 없는 쾌락, 희생 없는 성공, 괴로움 없는 존경을 항상 제시한다. 사탄도 하나님이 주실 수 있는 모든 것을 우리에게 약속하지만, 하나님과 달리 사탄은 우리가 골짜기를 걷지 않고도 산꼭대기에 오르게 할 것이다.

예수님은 마귀의 위조지폐를 꿰뚫어 보셨다. "주 너의 하나님께 경배하고 다만 그를 섬기라 하였느니라"(마 4:10, 신 6:13 인용). 예수님은 하나님의 목적은 늘 그분의 수단으로 성취되어야 한다는 것을 잘 아셨다. 마귀는 영향력과 목적 같은 정당한 것들로 우리를 유인하면서, 불법적인 수단으로 그것들을 손에 넣도록 유혹한다. 때로는 우리가 잘못된 것을 따르게 하기도 하고, 때로는 옳은 것을 잘못된 방식이나 잘못된 이유로 따르게 하기도 한다. 그는 속이는 자다. 반쪽 진리를 내세우는 데 능숙하다. 자신을 빛의 사자로 가장한다. 자신이 줄 수 없는 것을 약속한다.

우리는 쾌락, 교만, 권력, 이 세 유혹이 처음부터 마귀의 동일한 속임수였다고 주장할 수 있다. "여자가 그 나무를 본즉 먹음직도 하고 보암직도 하고 지혜롭게 할 만큼 탐스럽기도 한 나무인지라 여자가 그 열매를 따 먹고 자기와 함께 있는 남편에게도 주매 그도 먹은지라"(창 3:6). 아담과 하와는 하나님이 자기들 방식대로 복 주시기를 원했다. 겉보기에 좋은 것을 원했다. 자기 스스로 선악을 결정할 권리를 원했다. 지혜에서 나오는 영향력을 원했다. 쾌락과 교만과 권력을 원했던 것이다.

요한일서 2장 16절에서도 똑같이 이 세 가지를 볼 수 있다. "이는 세상에 있는 모든 것이 육신의 정욕과 안목의 정욕과 이생의 자랑이니 다 아버지께로부터 온 것이 아니요 세상으로부터 온 것이라." 세상은 당신에게 모든 것을 약속한다. 미끼를 내보이고 갈고리는 감춘다. 세상은 말한다. "하나님이 아니라 나를 사랑해. 나를 사랑하면 네 육신이 만족을 얻을 거야. 나를 사랑하면 네 눈이 원하는 것은 뭐든 다 가질 수 있어. 나를 사랑하면 부와 명성을 얻을 수 있어." 세상은 쾌락과 교만과 권력을 약속하지만, 그것들은 그리 오래가지 못한다.

마귀가 당신을 유혹할 때도 똑같이 이 세 가지를 내세울 것이다. 당신의 약점은 무엇인가? 당신은 최고의 갑옷을 입었을지 모르지만, 한 군데라도 약점을 노출하면 나머지 갑옷은 아무 소용이 없을 것이다.

유명세에 별로 신경 쓰지 않는 사람들이 있다. 상황을 좌지우지하는 데 별 관심이 없다. 그러나 이들은 좋은 기분을 유지하고 싶어 한다. 안락함과 편안함을 위해서는 무엇이든 희생할 수 있다. 쾌락을 원한다. 마귀는 그 부분을 틈탈 것이다.

어떤 사람들은 인정받기 원한다. 인정받기 위해 열심히 일한다. 이들은 훈련이 잘되어 있어서 삶을 편안하게 해 주는 것들을 얼마든지 포기할 수 있다. 심지어는 통제받는 것도 크게 개의치 않는다. 이들은 유명세를 원한다. 자기 이름이 사람들 입에 오르내리기를 바란다. 자신의 교만을 키우고 싶어 한다. '좋아요'와 '팔로우'를 원하고, 사람들의 칭찬과 격려를 기대한다.

그런가 하면 사람들이 자기를 어떻게 생각하는지는 안중에도 없는 사람들이 있다. 그들은 자신이 누구보다도 잘났다고 생각할지 모른다. 사람들의 애정이나 인정을 얻으려고 애쓰지 않는다. 일을 쉽게 하려고 애쓰지 않는다. 그러나 이들은 핵심 인사가 되고 싶어 한다. 먹고 마시고 자는 것에는 관심이 없다. 오로지 정상에 오르는 데만 관심이 있다. 정보에 밝은 사람이 되고 싶다. 상황을 쥐락펴락하고 싶다. 권한을 갖고 싶다. 명령하고 싶다. 이들은 권력을 원한다.

당신은 어떤 유혹에 가장 빠지기 쉬운가? 사람은 다 다르다. 당신은 다른 사람들이 어떤 유혹 때문에 힘들어하는 모습을 보며 '왜 그런 데 신경을 쓰지?'라고 생각하고, 당신은 절대 유혹에 흔들리지 않는다고 생각할지도 모른다. 실은 당신 친구는 절대 신경 쓰지 않는 죄의 영역을 당신은 늘 떠올리고 있다는 사실은 잊어버리고서 말이다.

혹은 똑같은 질문을 다른 비유를 사용해 던져 보면 어떨까? 마귀가 어떤 방에서 당신 귀에 속삭일 가능성이 클까? 쾌락이 도사리고 있는 침실? 권력이 숨어 있는 회의실? 아니면 교만이 거울에 비치는 욕실? 적을 알고 자신을 알라. 그리고 당신의 도움이 어디서 오는지 알라.

위험한 여정

무엇보다도 이 마지막 간구는 우리가 안팎으로 아주 위험한 삶을 살고 있다는 것을 일깨워 준다. 우리는 주님과 동행한 믿음이 강한 사람들이 유혹에 빠진 안타까운 이야기들을 잘 알고 있다. 주님을 향한 열정이 불타오르고 진정한 믿음을 지녔던 한 젊은이가 생각난다. 그가 어렸을 때 아버지가 집을 떠났기 때문에 그는 그와 같은 일을 되풀이하지 않기로 결심했다. 하지만 수년 뒤에 그도 똑같은 실수를 저질렀다. 스스로 그리스도인이라 하고 아내와 자녀들을 떠나 더 좋은 일을 해야 하는 타당한 이유가 있다고 자신을 납득시키면서 말이다. 그는 자신에 대한 거짓말을 믿었다. 행복의 근원이 어디에 있는지, 하나님이 어떤 분이고 무엇을 원하시는지에 대한 거짓말을 믿었다.

무방비 상태로 당하지 말라. 비치위스는 "하나님이 친구인 사람은 누구든 사탄의 적이 될 것이다"라고 썼다.[1] 이 말을 믿어도 좋다. 우리가 가야 할 길은 좁고, 그 길에 있는 적은 사납고 교활하다. 솔직히 말해 대부분의 사람은 가벼운 일에 너무 진지하고, 진지한 일은 너무 가볍게 대한다. 옷과 칼로리에 안달한다. 다이어트와 집 꾸미기에 수선을 떤다. 스포츠 경기 하나가 잘못되면 일주일 전체가 엉망이 되기도 한다. 이렇듯 상대적으로 중요하지 않은 일들에는 지나치게 신경 쓴다. 그러면서 우리에게 영적 위험은 전혀 없다는 듯이, 원수는 존재하지 않는다는 듯이, 육신과의 전쟁 따위는 없다는 듯이 하루하루를 시작한다.

우리에게 일용할 양식이 필요하다는 것은 안다. 우리에게 용서가 필요하다는 것까지도 알 수 있다. 하지만 이 여섯째 간구가 날마다 우리에게 얼마나 절실한지 아는가? 우리가 매일의 양식과 매일의 용서를 기도한다면, 매일의 보호를 위해서도 기

---

[1] Herman Witsius, *Sacred Dissertations on the Lord's Prayer* (Grand Rapids, MI: Reformation Heritage, 2010), 342.

도해야 한다. 우리는 전쟁 따위는 없다고 생각하면서, 앞에 닥칠 위험을 다행히도 모른 채, 때로는 일부러 모른 채 하루를 시작할 때가 얼마나 많은가?

이 간구를 생각하면 늘 보디발의 아내가 생각난다. 그날 아침 잠에서 깬 요셉은 자신에게 닥칠 유혹을 알지 못했다. 전에도 비슷한 일이 있었지만 그렇게 뻔뻔스러운 경우는 처음이었다. 그는 아름답고 힘 있는 여인에게서 그런 은밀한 유혹을 받을 줄 몰랐다. 하지만 시련이 닥쳤고, 그는 준비가 되어 있었다. 그는 유혹을 곱씹어 보지 않았다. 머릿속에서 키우지도 않았다. 상대를 논리적으로 설득하려 하지도 않았다. 그보다 훨씬 더 좋은 결정을 내렸다. 그 자리에서 도망쳤다. 당신은 매일 아침 기도하면서 보디발의 아내와 같은 일에(당신 삶에는 어떤 형태로 나타날지 모르지만) 영적으로 준비되어 있는가? "그런 시험을 제게 허락하지 마시고, 그런 유혹이 나타날 수 있는 길로 인도하지 말아 주십시오"라고 하나님께 간구하고 있는가? 당신은 준비가 되어 있는가? 그런 보호를 기도하고 있는가?

1941년 12월 7일에 있었던 일을 잘 알 것이다. 그 일요일 아침, 일본군이 진주만에 정박해 있던 미 해군 함대를 불시에 공격했다. 위험이 임박했다는 징후가 있었지만 미국인들은 전혀 준비되어 있지 않았다. 진주만 공격 직전에 실시한 갤럽 여론 조사에 따르면, 미국인의 52퍼센트가 일본과의 전쟁을 예상한다고 응답했고, 27퍼센트가 예상하지 않는다고 응답했다. 대중은 뭔가를 예상하고 있었다. 모두들 무슨 일이 터질지도 모른다고 생각하고 있었다. 12월 6일, 미 정보국은 진주만의 선박 이동과 해군 군함의 위치를 묻는 일본의 메시지를 가로챘다. 어느 암호학자가 이 메시지를 상관에게 보고했지만, 그는 주말이 지나서 살펴보고 월요일에 회신해 주겠다고 말했다. 12월 7일 아침 일찍, 오아후섬의 한 레이더 관제병이 섬으로 향하는 수많은 비행기를 발견하고 상사에게 보고했다. 그의 상사는 이를 훈련 중인 미국 B-17 폭격 편대로 오인했다. 위험이 나타났다. 사람들이 징후를 보았다. 하지만 그들은 대비하지 않았다.

이생에서 죄를 완전히 피할 수 있는 길은 없다. 고대 수도사들처럼 기둥 위나 동굴 속에서 살더라도 여전히 마귀의 공격을 받을 수 있고, 육신에 맞서 싸우기도 해야 할 것이다. 우리는 고통을 피할 수 없다. 인간의 시련에서 벗어나지도 못할 것이다. 하지만 하나님의 구원하심을 바라고 기도할 수는 있다. 당신에게 도움이 필요하다는 것을 아는가? 그리고 도와주실 분이 계시다는 것을 아는가? 당신 안에 계신 이가 세상에 있는 자보다 더 크시다(요일 4:4). 마귀를 대적하면 당신을 피할 것이다(약 4:7). 명심하자. 성령님이 우리 안에 주신 능력으로 악한 자를 견딜 수 있고, 우리 밖에 있는 그분의 말씀이 우리 안에 역사하셔서 우리가 어둠을 극복할 수 있다. 당신은 바로 지금 이 능력을 사용할 수 있다. 우리 앞에 전쟁이 있다는 사실을 잘 알고 오늘 하루와 이번 주를 시작하겠는가? 우리는 영적 위험에 노출되어 있다. 하지만 우리에게 하늘 아버지가 계시다는 사실도 잊어서는 안 된다. 그분은 우리를 사랑하셔서 우리에게 필요한 모든 보호와 모든 공중 엄호를 해 주시고, 우리 기도를 들으시고 우리를 인도하시고 지키시며 보호하신다.

스터디 가이드

1. "우리를 시험에 들게 하지 마시옵고 다만 악에서 구하시옵소서"를 두 가지 간구가 아니라 하나로 보아야 하는 이유는 무엇인가?

2. 성경에 나오는 시험에는 어떤 종류가 있는가?

3. 예수님이 받으신 세 가지 시험은 무엇이고, 오늘날 그 시험이 우리 앞에는 어떻게 나타나는가?

4. "마귀가 어떤 방에서 당신 귀에 속삭일 가능성이 클까?"(154쪽)라는 질문에 당신은 어떻게 대답하겠는가?

5. 저자는 우리가 "가벼운 일에 너무 진지하고, 진지한 일은 너무 가볍게 대한다"(155쪽)라고 말한다. 당신 삶의 어떤 부분에서 이런 점을 엿볼 수 있는가?

7.

하나님의 영광

나라와 권세와 영광이 아버지께 영원히 있사옵나이다 아멘

마 6:13

1935년 앨버트 헤이 멀릿(Albert Hay Malotte)이 작곡하고 엘비스 프레슬리(Elvis Presley), 수전 보일(Susan Boyle), 안드레아 보첼리(Andrea Bocelli) 등 수많은 가수가 녹음한 유명한 "주기도" 노래를 듣거나 불러 본 사람이라면, 이 노래가 처음에는 거의 들릴 듯 말 듯 한 소리로 고요하게 시작되는 것을 알 것이다. "하늘에 계신…" 그러다가 "주님 나라 임하시고"에서 조금 소리가 커져 "뜻이 이루어지이다"까지 몇 마디 동안 편안하게 이어진다. 노래 후반부에서는 음이 점점 더 높아지고 커지면서 분위기가 고조되다가 송영 부분에서 폭발한다. 노래는 "영원히"에서 최고조에 달하고, 웅장한 "아멘"으로 서서히 끝을 맺는다.

이 곡은 특히 잘 부르면 하나님 나라와 영원히 그분께 속한 그 능력과 영광에 듣는 이의 주의를 집중시킨다. 이 부분을 강조하는 노래의 구성이 아주 적절하다는 생각이 든다. 이는 우리가 기도하는 대상과 내용, 기도할 때 우리에게 있는 확신을 일깨워 준다. 약간 과하다는 느낌이 들기도 하는 이 주기도 노래를 내가 좋아하는 이유는 이 노래가 다음과 같은 확신을 강화해 주기 때문이다. "그렇습니다, 이 기도는 주님 보좌에까지 이를 것입니다. 믿으세요, 하나님이 당신의 기도를 들으시고 응답해 주실 것을."

이상하게 들릴지도 모르지만, 내가 기도할 때 겪는 어려움 중 하나는 내가 정말로 기도하고 있다는 사실을 기억하는 것이다. 내가 우주의 전능하신 하나님께 기도하고 있다는 사실을 잊어버린다. 나 홀로 중얼거리는 것이 아니라는 사실을 잊어버린다. 내 믿음이 아무리 연약해도 예수님 때문에 하나님이 내 기도에 귀 기울이신다는 사실을 잊어버린다. 주기도의 전통적인 결말은 우리 간구가 하늘로 들려 올라가도록 도와준다. 하늘에서 하나님이 우리 간구를 들으시고 자비와 능력으로 응답하실 것이다. 나라와 권세와 영광이 그분께 있기 때문이다.

이 전통적인 결말의 또 다른 유익은 주기도를 멋지게 마무리해 준다는 점이다. 이 송영은 우리의 가장 큰 관심사인 하나님의 영광으로 기도를 시작하고 맺어야 한다고 가르쳐 준다. 이는 하나님이 우리의 모든 요구를 들어주실 수 있으며 그분이 우리에게 필요한 전부라는 확신을 표현한다. 또한 세상과 육신과 마귀가 우리를 괴롭힐지라도 그것들은 결코 최종 승리를 거둘 수 없다는 우리의 믿음을 표현한다. 하늘에 계신 우리 아버지는 강한 자보다 더 강하시다(눅 11:21-22). 모든 온전함은 하나님께, 그분께만 속한다. 하나님은 힘 있고 인자하신 왕이자 강력하신 통치자요, 처음이나 끝이 없는 영광스러우신 아버지다.

하나님의 영광을 마지막으로 찬양한 후에, **아멘**이라는 짧은 단어로 기도를 봉인한다. 대학교 때 친구 중에 일종의 반항 행위로 "아멘" 대신 "멋지다"(groovy)라고 기도를 마치기로 한 친구가 있었다. 그 말이 유행하던 1970년대도 아니고 1990년대 후반에 말이다. 그는 꽤 기발하다고 생각한 모양이지만, 내가 듣기에는 몹시 짜증스러웠다. 그 친구는 '아멘'이란 그저 기도가 끝났다는 표시니 오래된 단어면 아무거나 사용해도 괜찮다고 생각했던 것 같다.

하지만 **아멘**은 기도에서 **마침표** 이상의 의미가 있다. 아멘은 "그렇습니다", "정말입니다" 혹은 "그렇게 되기를 바랍니다!"라는 뜻이다. 예수님은 아멘이시요, 충성되고 참된 증인이시다(계 3:14). 우리는 그리스도 안에서 온전한 동의와 확신과 소망으로 주기도를 드린다.

하지만 잠깐

송영이 주기도를 아름답게 마무리해 주기는 하지만, 이 송영이 정말로 성경에 나오는가? 그 답은 그렇기도 하고 아니기도 하다.

흠정역 성경에는 이 송영이 나오지만, ESV 성경(English Standard Version)이나 CSV 성경(Christian Standard Version), NIV 성경(New International Version) 같은 최신 영어 번역본들에는 나오지 않는다. 대부분의 영어 성경의 마태복음 6장에서 이 송영을 볼 수 없는 타당한 이유가 있다. 4세기까지 거슬러 올라가는 가장 오래되고 중요한 성경 사본들에는 이 마지막 송영이 없다. 불가타 성경에도 나오지 않는다. 마찬가지로 테르툴리아누스, 키프리아누스, 오리게네스, 아우구스티누스 같은 교부들은 이런 결말에 익숙지 않은 듯한 인상을 준다. 한편, 그리스 교부 크리소스토무스는 주기도에 대한 설교에서 송영 부분을 언급한다.

그 밖에 여러 고대 그리스어 사본과 시리아어, 콥트어, 라틴어 번역본에서 이 송영을 찾아볼 수 있다. 요약해 보자면, 오래된 사본들에 이 송영이 등장하지만, 가장 오래되고 중요한 사본에는 나와 있지 않다는 것이다.

그렇다면 전통적인 송영으로 주기도를 마무리하는 것은 잘못인가? 그렇지 않다. 우선, 우리는 초기 교회에서 주기도에 이 송영을 사용했다는 사실을 안다. 1세기 교회 문서 디다케를 다시 떠올려 보자. 이 문서에서는 그리스도인들에게 하루에 세 번씩 주기도를 암송하라고 권면했다. 그러면서 "권능과 영광이 영원히 당신 것…입니다"(8:2)라는 문구를 포함한다. 디다케 9장의 주의 만찬 전례에서도 회중의 반응으로 똑같은 송영을 사용한다. 그렇다면 이 송영이 주기도를 마무리하는 초기 용례 중 하나였을 가능성도 있다.

게다가 우리가 이 전통적인 결말을 사용할 때는 주기도에 없는 다른 어떤 개념을 추가하는 것이 아니다. 주기도의 두 번째 간구에서 나라를 언급한다. 세 번째 간구는 우리의 뜻을 하나님의 뜻으로 바꿔 주실 그분의 능력을 은연중에 구한다. 첫 번째 간구는 하나님의 이름이 온 땅에서 구별되어 거룩해지기를 기도한다. 이 마지막 송영은 우리가 주기도에서 간구한 모든 내용에 부합한다.

  전통적인 송영을 사용하는 것이 잘못이 아닌 가장 중요한 이유는 그 기원이 성경이기 때문이다. 이 송영이 성경에 나오느냐는 질문에 내가 그렇기도 하고 그렇지 않기도 하다고 답한 이유가 그것이다. 이 송영은 마태복음 6장에는 나오지 않지만 역대상 29장에 나온다. 다윗이 성전 건축을 위해 준비한 헌금을 모두 드린 후 온 회중 앞에서 드린 기도 중 일부다.

> 그래서 다윗이 온 회중 앞에서 주님을 찬양하였다. "주 우리 조상 이스라엘의 하나님, 길이길이 찬양을 받아 주십시오! 주님, 위대함과 능력과 영광과 승리와 존귀가 모두 주님의 것입니다. 하늘과 땅에 있는 모든 것이 다 주님의 것입니다. 그리고 이 나라도 주님의 것입니다. 주님께서는 만물의 머리 되신 분으로 높임을 받아 주십시오! 부와 존귀가 주님께로부터 나오고, 주님께서 만물을 다스리시며, 주님의 손에 권세와 능력이 있으시니, 사람이 위대하고 강하게 되는 것도 주님의 손에 달렸습니다. 우리 하나님, 우리가 지금 주님께 감사하고, 주님의 영광스러운 이름을 찬양합니다."(대상 29:10–13, 새번역 성경)

얼마나 아름다운 기도인가? 주기도의 송영이 다윗의 기도에서 비롯되었음을 쉽게 확인할 수 있다. 주기도의 전통적인 결말이 다윗의 긴 기도를 잘 요약해 준다고 생각될 정도다. 혹은 뒤집어서, 우리는 하나님의 나라와 권세와 영광을 찬양하면서 우리가 말하려는 모든 내용의 확장된 버전으로 다윗의 기도를 활용할 수 있다. 실제로 이 마지막 해설과 이 책 전체를 마무리하는 방법으로 역대상 29장 본문을 사용하여 기도하는 것보다 더 좋은 방법은 없을 것 같다. 다윗의 기도를 통해 기도하면서 우리는 주기도의 마지막 부분만 기도하는 것이 아니라, 예수님이 주기도에서 가르치신 **모든** 내용을 기도하라는 말씀을 되새기게 된다.

이 점을 염두에 두고 우리 마음의 눈을 하늘로 향하고 함께 기도하자.

주 우리 조상 이스라엘의 하나님, 찬양을 받아 주십시오!
아브라함과 이삭과 이스라엘의 하나님,
모세를 나일강에서 건지시고
이스라엘 백성을 바로에게서 구해 내시고
금송아지를 만든 아론을 용서하시고

여리고를 여호수아의 손에 주신 하나님,

삼손에게 힘을 주시고

기드온과 헤벨의 아내 야엘에게 용기를 주신 하나님,

룻에게 인자를 베푸셔서 그도 인자를 베풀게 하신 하나님,

엘리를 무너뜨리시고 사무엘을 일으키신 하나님,

사울을 거절하시고 이새의 아들을 택하신 하나님,

다윗에게 당신과 같은 마음을 주시고

솔로몬에게 그가 구한 지혜를 주신 하나님,

엘리야의 직감과 엘리사의 기적과

요시야의 충실함을 지니신 하나님,

욥의 인내와 이사야의 예언과

예레미야의 애가를 지니신 하나님,

이스라엘을 바벨론으로 보내시고

그들을 다시 데려오겠다고 약속하신 하나님,

마른 뼈의 계곡이 살아나고

성전에 영광이 돌아오리라고 약속하신 하나님,

다니엘을 사자 굴에서, 세 친구를 불타는 풀무에서

고멜을 그녀 자신에게서 구원하신 하나님,

세례 요한의 담대함과 바울의 가르침과

스데반의 용기를 지니신 하나님,

마리아와 엘리사벳, 마리아와 마르다, 요안나와 수산나,

예수님을 사랑한 모든 경건한 여인들의 하나님,

베드로와 안드레, 야고보와 요한,

처음에는 실패했지만 끝까지 그리스도를 신실하게 따른

다른 모든 이의 하나님,

사도들과 선지자들, 성인들과 순교자들의 하나님,

반역자들과 개혁자들, 청교도들과 족장들의 하나님,

예정하신 사랑과 두 번째 기회를 주시는 하나님,

주 우리 조상 이스라엘의 하나님, 길이길이 찬양을 받아 주십시오!

위대함이 주님의 것입니다.

기뻐하는 뜻대로 하실 권리와

바라는 대로 하실 능력이 주님의 것입니다.

능력이 주님의 것입니다.

당신의 성품에 어긋나지 않는

모든 일을 할 수 있는 지치지 않는 힘이 주님의 것입니다.

영광이 주님의 것입니다.

주님, 우리의 이름이 아니라

당신의 이름이 찬양을 받으시길 원합니다.

승리가 주님의 것입니다.

우리의 자만을 다스리고 우리의 중독을 깨뜨리고

우리 자녀들의 마음을 정복할 능력이 충분하십니다.

존귀가 주님의 것입니다.

그 어떤 성보다 당당하고 그 어떤 왕궁보다 장엄하며

그 어떤 건물보다 화려합니다. 주님 같은 분은 없습니다.

하늘과 땅에 있는 모든 것이 다 주님의 것입니다.

주님은 세계와 그 안의 만물을 만드셨습니다.

모든 나무는 주님의 나무, 모든 산은 주님의 산입니다.

모든 집의 모든 소유와 모든 행위가 주님의 것입니다.

모든 퇴직 연금은 주님의 것입니다.

수많은 산지의 소 떼와

모든 주차장의 차가 주님의 것입니다.

모든 것이 주께 속했습니다.

마치 주님께 필요한 것이 있기라도 하듯이

인간의 손으로 섬김을 받으실 필요가 없습니다.

주님이 모든 인류에게 생명과 호흡을 비롯한

만물을 주시기 때문입니다.

이 나라도 주님의 것입니다. 주님께서는 만물의 머리 되신 분으로 높임을 받아 주십시오!

주님은 유일한 왕이시요 교회의 머리이십니다.

주님께 모든 것에 대한 최종 결정권을 드립니다.

하나님은 진실하시고 모든 인간은 거짓말쟁이입니다.

주님을 모든 일의 중심에 모십니다.

모든 설교, 모든 노래, 모든 기도, 모든 교회학교,

모든 세례, 모든 출생, 모든 죽음, 모든 결혼, 모든 일요일,

모든 주, 모든 해가 주님을 위한 것입니다.

주님께서는 만물의 머리 되신 분입니다.

부와 존귀가 주님께로부터 나오고, 주님께서 만물을 다스리십니다.

우리가 입는 옷, 주님이 우리에게 주셨습니다.

우리가 먹는 음식, 주님의 손에서 나왔습니다.

우리가 쉬는 집, 주님의 선물입니다.

우리 중에는 작은 집, 보트, 논밭, 땅, 수영장, 텔레비전, 서재, 스마트폰, 지갑, 장난감, 비디오 게임, 컴퓨터, 휴가, 돈이 든 통장을 소유한 사람도 있습니다.

우리가 이렇듯 많은 것을 누릴 자격이 있나요?

우리 중에는 존경, 명성, 상, 영향력, 특권, 악명을
누리는 사람도 있습니다.
이 모든 것이 주님께로부터 왔습니다.
우리가 남보다 거룩해서 이토록 많이 가진 것이 아닙니다.
주님이 우리 분에 넘치게 복을 내려 주셨기 때문입니다.
주님의 손에 권세와 능력이 있으시니, 사람이 위대하고 강하게 되는 것도 주님의 손에 달렸습니다.
주님은 왕을 세우기도 하시고 왕국을 망하게도 하십니다.
대통령을 만들기도 하시고 무너뜨리기도 하십니다.
목회자에게 은사를 주기도 하시고 가져가기도 하십니다.
교회를 복 주기도 하시고 교회 문을 닫기도 하십니다.
나라를 부강하게도 하시고 넘어뜨리기도 하십니다.
주님만이 이 모든 일을 할 수 있으시니
우리는 주님만 믿습니다.
전차를 믿는 사람도 있고 왕자를 믿는 사람도 있습니다.
정부를 믿는 사람도 있고
자신이 모아 둔 돈을 믿는 사람도 있습니다.
자기 자신을 믿는 사람도 있습니다.
하지만 우리는 주 우리 하나님의 이름을 믿습니다.

우리 하나님, 우리가 지금 주님께 감사하고,

주님의 영광스러운 이름을 찬양합니다.

아버지 하나님께 감사합니다.

    우리를 택하시고 부르시고 겸손하게 하시고 회심시키시고

    의롭다 하시고 변화시키시고 돌보아 주시니 감사합니다.

유일하신 독생자께 감사합니다.

    주님의 신비로운 성육신과 치욕스러운 고난,

    우리를 대신하신 사랑,

    부활의 승리와 승천의 영광으로 인해 감사합니다.

성령님께 감사합니다.

    주님을 섬길 수 있는 은사와 찬양할 수 있는 목소리,

    사랑할 수 있는 마음을 허락하시니 감사합니다.

친구, 가족, 먹을 것과 마실 것,

일, 음악, 이야기, 게임, 예술, 여행, 배움, 놀이 등

이생의 모든 즐거움을 주신 주님께 감사합니다.

무엇보다 장차 우리가 맞이할 기쁜 삶으로 인해 감사합니다.

    죄와 고통이 끝나고 하나님과 그의 어린양을

    영원히 찬양하는 삶이 시작될 것입니다.

크고 영광스러우신 우리 하나님을 찬양합니다.

창조와 구속과 섭리의 하나님,

　　심판자와 구원자,

　　기묘자, 모사, 평강의 왕,

　　길과 진리와 생명,

　　우리의 위로자, 우리의 희생 제물, 우리의 목자

　　우리의 주님, 우리의 구원자, 우리의 친구

예수님이 우리에게 가르쳐 주신 기도로 기도하면서, 한목소리로 성부 성자 성령 하나님을 찬양합니다.

하늘에 계신 우리 아버지여

이름이 거룩히 여김을 받으시오며

나라가 임하시오며

뜻이 하늘에서 이루어진 것같이 땅에서도 이루어지이다.

오늘 우리에게 일용할 양식을 주시옵고

우리가 우리에게 죄지은 자를 사하여 준 것같이

우리 죄를 사하여 주시옵고

우리를 시험에 들게 하지 마시옵고 다만 악에서 구하시옵소서.

나라와 권세와 영광이 아버지께 영원히 있사옵나이다.

아멘.

스터디 가이드

1. 하나님께 영광을 돌리는 송영으로 주기도가 끝난다는 사실이 왜 중요한가?

2. 저자는 "내가 기도할 때 겪는 어려움 중 하나는 내가 정말로 기도하고 있다는 사실을 기억하는 것이다"(162쪽)라고 말한다. 당신도 이 말에 공감하는가?

3. 저자는 대부분의 고대 그리스어 사본에 이 마지막 부분이 빠져 있다는 점을 인정한다. 그럼에도 그는 우리에게 이 송영을 사용하라고 권한다. 주기도에 이 부분을 포함해도 괜찮다고 확신할 수 있는 이유는 무엇인가?

4. 마지막에 나오는 저자의 기도는 기도에 대한 자신감을 어떻게 키워 주는가?

5. 당신은 기도 중에 나온 하나님의 이름 중 어떤 이름을 더 깊이 이해하고 싶은가? 그 이유는 무엇인가?

사명선언문

너희가 흠이 없고 순전하여……세상에서 그들 가운데 빛들로
나타내며 생명의 말씀을 밝혀 _ 빌 2:15-16

1. 생명을 담겠습니다
만드는 책에 주님 주신 생명을 담겠습니다.
그 책으로 복음을 선포하겠습니다.

2. 말씀을 밝히겠습니다
생명의 근본은 말씀입니다.
말씀을 밝혀 성도와 교회의 성장을 돕겠습니다.

3. 빛이 되겠습니다
시대와 영혼의 어두움을 밝혀 주님 앞으로 이끄는
빛이 되는 책을 만들겠습니다.

4. 순전히 행하겠습니다
책을 만들고 전하는 일과 경영하는 일에 부끄러움이 없는
정직함으로 행하겠습니다.

5. 끝까지 전파하겠습니다
모든 사람에게, 땅 끝까지, 주님 오시는 그날까지
복음을 전하는 사명을 다하겠습니다.

서점 안내

광화문점 서울시 종로구 새문안로 69 구세군회관 1층
            02)737-2288 / 02)737-4623(F)

강남점   서울시 서초구 신반포로 177 반포쇼핑타운 3동 2층
            02)595-1211 / 02)595-3549(F)

구로점   서울시 동작구 시흥대로 602, 3층 302호
            02)858-8744 / 02)838-0653(F)

노원점   서울시 노원구 동일로 1366 삼봉빌딩 지하 1층
            02)938-7979 / 02)3391-6169(F)

일산점   경기도 고양시 일산서구 중앙로 1391 레이크타운 지하 1층
            031)916-8787 / 031)916-8788(F)

의정부점 경기도 의정부시 청사로47번길 12 성산타워 3층
            031)845-0600 / 031)852-6930(F)

인터넷서점 www.lifebook.co.kr